銀座の夜の神話たち

1万8250日の物語

園田静香

財界研究所

銀座の夜の神話たち

装画：園田静香
装釘：相馬敬徳

はじめに

人々の栄華への憧れを形にした街、銀座――。

今も昔も繁華街の頂点として君臨し続ける、〝夜の蝶〟が舞う街、銀座――。

私はこの銀座で、半世紀に渡り〝クラブ数寄屋橋〟というお店を経営して参りました。

店を始めた当時には、高い格と歴史を持った十数軒の高級クラブがこの街で隆盛を誇っておりました。各界のＶＩＰが連日連夜姿を見せておられ、中でも特に、著名な文化人が多く足を運ばれたクラブが、〝文壇バー〟と呼ばれていたのです。

幸運なことに〝クラブ数寄屋橋〟は、開店間もない頃から〝文壇バー〟の仲間入りをさせていただき、約五十年もの間、素晴らしいお客様方をお迎えし続けて参りました。その中には、大袈裟ではなく戦後の日本を動かした方々、それぞれの世界で『神様』と呼ばれている方々も数多く含まれております。

銀座の夜の夢の色は時代とともに移ろいゆき、街は大きく変貌を遂げ、〝文壇バー〟と呼ばれたクラブも、一軒また一軒とその灯火を消していきました。今では片手で余るほどの数になりました。浮き沈みの激しいこの街の中で、数え切れないほど多くの方のお力添えをいただき、〝クラブ数寄屋橋〟が半世紀を迎えられることは、奇跡に近い出来事なのかもしれません。

半世紀の間に変貌を遂げたのは、銀座だけではありません。今や世界全体が、とてつもなく大きな激動の潮流の中に投げ込まれています。相次ぐテロや大国の強権主義により国際情勢は大きく混迷し、また環境破壊による地球規模の気象変動が様々な災害をもたらしています。国内では、巨額の財政赤字や産業競争力の低下、少子高齢化や所得格差拡大といった問題が社会を不安定にし、数え切れない不幸な事件を生み出す要因となっています。また、ＡＩ＝人工知能や、遺伝子工学といったＳＦじみた技術革新が、人間の尊厳を根幹から脅かす諸刃の剣となりはじめています。環境も価値観も、全てが音を立てて崩れゆくかのような時代の中で、私を含め、多くの人々が自分自身の生き方を必死に模索しているのではないでしょうか。

昨今、失われつつある古き良き銀座の〝輝き〟を残すべきではないか、というお話を多くの方からいただきました。半世紀の間、〝クラブ数寄屋橋〟がお迎えしてきた、たくさんの素晴らしい方々との出会い、ふれ合い、かかわり合い、そして私がグラスを通して見続けてきたその方たちの〝輝き〟を、文字にしたらどうか、というのです。

どんなに優れた人間でも、自分一人の力だけで輝くことなどできません。尊敬する〝誰か〟へのくるおしい程の憧れ、〝誰か〟との暖かい愛情や強い友情、そういった真の絆を通してはじめて、人は自分の心に眩しい輝きを宿すことができるのだと思います。その〝誰か〟とは必ずしも目の前や近くにいる人とは限りません。たとえ、その〝誰か〟が、会うことの出来ないほど遠くにいる人でも、遠い歴史の彼方の人物だとしても、文字や音声などを通して、人はその〝誰か〟の輝きを心の目で見ることが出来るのです。

今の時代、人と人とのふれ合いや関係性は希薄になる一方です。面倒な人間関係などは、大量の迷惑メールと共にパソコンのゴミ箱に捨てられ続けています。ましてや、過去の偉人達の存在価値など、古くさい遺物として、時代という地層の中に埋もれつつあるのではないか、そんな心配が頭をよぎります。

本書では、私が銀座での五十年の経験を六つの時代に分け、様々なエピソードや〝輝き〟を、お伝えできればと思います。

『第一章：無鉄砲と夢と』では、高度経済成長期に、右も左も分からないまま銀座へ飛び込み、夢へのチャンスを掴んで〝文壇バー〟のママの仲間入りした三年間のエピソードを。

『第二章：花竜巻に運ばれて』では、銀座のママだけではなく、園田静香自身としての生き方を見つけ、想像さえ出来なかった夢を実現した日々を。

『第三章：優しい〝夜舞言《よまいごと》〟』では、素晴らしい方々から頂いた、楽しくて素敵なお話を。

『第四章：バブルの様な私の夢は』では、バブル景気の狂乱の時代に気付いた自分自身の原点について。

『第五章：試練の時と数寄屋橋の『守護神』』では、バブル崩壊からリーマンショック、そして東日本大震災まで、最も苦労した時代に差し伸べられた数々の導きの言葉を。

『第六章：あけの明星たちへ』では、これからの世界を担う若い方々への想いについてお伝えします。

私が伝えられるのは、この本にご登場いただく方々の横顔の、一部にすぎません。だからこそ、その方々の作品や偉業について、より深く掘り下げていただければと思います。

人の心の輝きは時代、世の中が変貌しても、不滅の価値を持ち続けるものだと思います。その方がこの世を去った後も、〝物語〟となって生き続けるからです。その〝輝き〟こそが、これからの時代を幸せに生きていくための〝武器〟と〝力〟になると信じています。

クラブ数寄屋橋
経営者　園田静香

銀座の夜の神話たち 目次

第一章 無鉄砲と夢と

第二章 花竜巻に運ばれて

第三章　優しい〝夜《よ》舞《まい》言《ごと》〟

第四章　バブルの様な私の夢は

第五章 試練の時と数寄屋橋の『守護神』

第六章　あけの明星たちへ

銀座のネオンの輝きが集まって
生まれた不思議な猫

シズニャン

1967年11月27日銀座6丁目生まれ。今は銀座7丁目に住んでいる。ピンク色のマカロンとマタタビ入りカルーアミルクが好き。好きなことばは天真爛漫。仕事は、ネコの手も借りたいほど忙しいお客様のお手伝いをすること。

第一章
無鉄砲と夢と

初めに〃無鉄砲〃ありき

『太初《はじめ》に〃無鉄砲〃あり。〃無鉄砲〃は〃夢〃と偕《とも》にあり、〃無鉄砲〃は〃夢〃なりき』

私の半生を新約聖書の冒頭になぞらえたなら、きっとこのようになるでしょう。

地元熊本では高校在学中にモデルや場内アナウンスを頼まれ、卒業後すぐに結婚、しかし私の一方的な我がままでわずか四ヶ月で離婚。その後両親を説得し以前から興味のあった博多の花柳界《かりゅうかい》に自ら飛び込み、一年で売上記録を樹立。東京へ出て、二十歳そこそこでいきなり銀座のママとしてデビュー。それからずっと、今日に至るまで〃無鉄砲〃の連続……。

「夢を見るのもほどほどにしろ！」

「そんな無茶なことは止めた方がいい！」

と、周囲の方たちから、どれだけ注意をいただき続けて来たことか。

ですが、私の〝無鉄砲〟を止めることは、きっと誰にも、たぶん私自身にさえ、出来なかったと思います。何しろ物心ついた頃から、あれこれに憧れ、その中で「これだ！」と思ったことに対しては、我武者羅に猪突猛進し、心の底の底から情熱を注ぎ込まずにはいられない、そんな人間でしたから。

それでも、世の中には、〝無鉄砲〟でなければ、〝無鉄砲〟に夢を追いかけたほうが上手く行くこともあります。いえ、〝無鉄砲〟でなければ、決して届かない〝夢〟だってあるのです。

私が上京した一九六〇年代後半は、高度経済成長期の最後を飾る「いざなぎ景気」の真っ只中でした。日本のGNP(国民総生産)がアメリカに次いで世界二位になり、国民の生活が急激に豊かになった時代です。

日本初の超高層ビルである霞が関ビルが竣工し、川端康成先生が日本人で

初めてノーベル文学賞を受賞され、ミニスカートやジーンズをはく若者が街を闊歩し始めたのもこの頃です。一方で過激な学生運動や深刻な公害などが社会問題となるなど、日本全体に爆発しそうなエネルギーが、光と影となって渦巻いていました。

その時代は、銀座が最も賑やかだった頃ともいわれています。「みゆき族」という言葉が生まれ、昼は歩行者天国を若者がゆきかい、夜になれば紳士達が高級クラブで優雅な時間《ひととき》を楽しむ、そんな大人の街でした。

高級クラブには、財界人、政治家、高級官僚、文化人が足しげく通われていました。インターネットが発達した近年のように、情報源が多様化していなかったこともあり、クラブは社交場としてだけでなく、様々な方々が情報や議論を交わし合う、サロンとしての役割も担っていたのです。

当時の高級クラブの代表格は、『エスポアール』と『おそめ』というお店で、ママ同士のライバル関係は、川口松太郎先生の『夜の蝶』のモデルになったといわれています。他にも『葡萄屋』、『眉』、『ラ・モール』、『らどんな』、『姫』といった有名店があり、それぞれが独自のお客様層を持っていました。特に『エスポアール』の川辺ママは、スタッフの教育にこだわりを持ち、常に経済誌や文学作品を読ませるなど、高級クラブの名に恥じないサービスを提供していたと聞きおよんでいます。

その様な強者たちが犇《ひし》めく中に、〝銀座のマニュアル〟すら知らない、ズブの素人である私が飛び込もうというのです。〝無鉄砲〟だといわれても仕方がありません。何ひとつ〝武器〟なんか持っていないのですから。後で聞いた話によると、知人の多くは、私の店が三ヶ月で潰れると確信していたそうです。

ところが、私が開店した『クラブ数寄屋橋』は、色々なことをきっかけに、たくさんの方々に助けられ、ほどなくして作家の方をはじめ各分野の文化人、財界人や政治家の方々にもお越しいただけるようになり、『文壇バー』の仲間入りをさせていただいたのです。

『文壇バー』は厳密な定義がありません。文化人をはじめ〝一流〟と呼ばれる方々を客層に持つ店がその様に呼ばれていたのです。加えて出版社の各文芸賞授賞式のお手伝いをさせていただ

くこと、なども特徴だと考えられていました。各出版社からご依頼をいただき、受賞式のパーティー会場を和ませ、華やかな雰囲気を作る役割を務めるのです。

授賞式のパーティー会場は、大御所をはじめとした作家の先生方、これからの時代を担う新進気鋭の方々、そして各界の著名人といった方々との、煌めくような出会いがあり、とても大切で魅力的な場です。それだけに、歴史ある数軒の『文壇バー』以外、そのお手伝いの依頼をいただくことはとても難しかったのです。

参加させていただいて、はじめて知ったのですが、その場にいる〝文壇バー〟のママたちは皆、私の母以上の年齢でした。私のように開店して間もない若輩者のママが、仲間入りをさせていただいたのは、異例なことでした。素人であるが故に〝銀座のマニュアル〟に振り回されることなく、自由に〝無鉄砲〟に飛び回っていた私を、作家の先生方や出版社の方々の目には、面白く映ったのかもしれません。

ただ一つ言えるのは、もし私が〝無鉄砲〟であることを恐れていたなら、そしてそれを止めていたなら、永久に夢には手が届かなかった、いえ夢を見ることすらできなかった、ということです。

自ら飛び込んだ『花柳界』

私は小さい頃から、夢多き娘でした。

宝塚の舞台に立つことをはじめ、女優、芸妓、白衣の天使、そして銀座のママ、なりたかったものは、数えれば切りがありません。特に、映画や舞台で演じられる、着物の裾を長く引いた芸者姿には憧れが強く、その人形を買い求めたほどでした。

高校を卒業してすぐに、めでたい出来事が起き、短い間で終わり、それがきっかけに〝花柳界〟に飛び込む決心をしたのです。その時はまだ両親には内緒でした。

いったん決めてしまうと、〝無鉄砲〟な私は、はやる心を抑えることができません。数日後には、噂に聞いて知っていた博多の名門の置屋、『三苫《みとま》』の〝お母さん〟を訪ねていたのです。

突然の訪問にもかかわらず、〝お母さん〟は、優しく迎えてくださいました。緊張でドキドキしていましたが、「芸者になりたい」という強い意志は、はっきりと伝えることができました。

ただ、女の子が自らの意志で、独りで訪ねてくるのは、前例がなかったらしく、さすがに驚かれたようで、それでも、最後には気持ちよく引き受けて下さいました。そのうえ、両親の説得に一役買ってくれるという約束までして頂き、心の中で、「ワァー！」と歓声をあげるほど嬉しかったことを、今でもはっきりと憶えています。

私は安心して熊本に帰ることができました。母にはいつ打ち明けようかと迷っているうちに、数日が経ってしまいました。今日こそは…と話のきっかけを考えている時、突然、「リリリーン！」と、電話のベルが鳴ったのです。

受話器の向こうには三苫の〝お母さん〟。なんと、もう熊本駅に到着しているとのこと、ビックリするやら慌てるやら……。なにしろ私の家は、熊本駅から目と鼻の先で、歩いて四〜五分のところにあるのです。

とにかく焦る気持ちを抑えて、

「お迎えに上がりますので、駅前の〝ことぶき〟という喫茶店でお待ち下さい」

と、お願いしました。

なにも知らない母を、無理矢理連れ出し、迎えに行く道すがら、これまでの経緯《いきさつ》をすべて話し、すがるように必死に訴えたのです。

「お母さん、私の生きる道はこれしかなか！　お願い！　三苦の〝お母さん〟に会って！」

母は一瞬怯みましたが、私の性格を元々知り尽くしています。

「シカチャン（静香の愛称）が、そこまで決心しとっとならよか。そん人に会いましょう」

母のその一言が、どんなにありがたかったことか。急に足元が軽やかになったようでした。

母と三苦の〝お母さん〟は、初対面にもかかわらず、既に旧知の間柄のような雰囲気でした。母は三苦の〝お母さん〟のお人柄に触れ、私を預ける決心がついたのでしょう。その後二人で、自宅にいた父を説得してくれたのですから。

その時の三苦の〝お母さん〟の言葉は、今でも時々、思い出します。
「この娘さんは、長くはここの世界にはおんしゃれん。私ば階段にして昇っていきんしゃる」

美しい言葉の響きを持つ〝花柳界〟に、いざ身を投じてみると、その裏側には、悲惨な出来事、残酷な話、信じられないような光景が。しかし、その一方で、素晴らしいことも。それは、礼儀作法をはじめ、ありとあらゆる芸事のお稽古です。踊り、三味線、琴、鼓、太鼓、大川、茶道、華道……。どれもとても厳しいものでした。お座敷のお呼びがかかれば、稽古中であろうと、もちろんそちらが優先です。お客様が第一というサービス業の原点、プロの世界の凄さを、嫌というほど見せつけられた一年でもありました。

芸者を辞めることになり、検番を上がる時、古式ゆかしい引き祝いの席を設けていただきました。私の左右を、『三苦』の〝お母さん〟と店出の〝姉ちゃん〟が挟み、縁のあった十数名の芸者衆が、それぞれその両脇に座すのです。辛くもあり、でも楽しさの方が多かった芸者生活を、つつがなく終えることができました。振り返ってみれば、たったの一年間ではありましたが、昭和最後の黄金時代に〝花柳界〟へ身を置けたことは、大変貴重な経験だったと思います。

両親と三苫の〝お母さん〟に支えられ、〝ある方〟との出会いがあり、この一年数ヶ月後には、銀座にお店を持つことができたのです。

半世紀の時を経ても、「前代未聞の出来事」といわれております。

私の目の前には、煌めく〝銀座〟が待っていたのです。

天が与えた〝二物〟

クラブ数寄屋橋　誕生秘話

天は私に〝二物〟を与えてくれました。それは〝素直さ〟と〝天然さ〟です。

〝無鉄砲〟ばかりの人生を歩んできた、などというと、人の忠告を無視し続ける頑固な人間を想像されたのではないでしょうか。私の中では〝無鉄砲〟と〝素直〟は矛盾するものではないのです。

自分の〝無鉄砲さ〟を誰かから指摘されたときには、必ずその言葉を素直に受け止め考えます。またなにかをしようと目的を持った時は、まずそれについてのリスクや失敗要因を、思いつく限り洗い出します。そのうえで、失敗要因を消すための策を、一つ一つ素直に考え、それを全て終わらせてしまったら実行。一生懸命目的に向かって行動を起こします。そうすれば、結果がどんな形であれ、目的は〝成功〟したと納得できるのです。その後は楽しみながらゴールに向かってまい進するだけ。

結果大変な目にあうこともありましたが、いつも最後の最後で救ってくれたのは、自分自身の〝素直さ〟と〝天然さ〟だったように思います。それがなければ、私は銀座でスタートを切ることさえできなかったでしょう。

一九六七年（昭和四十二年）九月。銀座のママになるべく羽田に降り立ちました。築地の割烹旅館「有明館」に荷物を預け、その足で〝協力者〟のもとへ向かいました。

その方は、大変優しく温厚でありながらも、ビジネスについては厳しい考えをお持ちの方でした。

「三ヶ月間で銀座に店を立ち上げてみなさい」

それが、その方から私に出された条件でした。

二十歳そこそこでクラブ未経験の素人が、そんな短期間で開店準備を終わらせるなど常識ではとても考えられないことです。三ヶ月の間に、ママになる修行をしながら、スタッフをゼロから集め、店を改修し、お客様を開拓しなくてはいけないのです。大枠での段取りはその方がつけて下さったとはいえ、それを成し遂げることは、不可能に思えました。

でも、とっさに、「ハイ、やります！」と返事をしました。

内心不安で一杯でしたが、「銀座のママになれるんだ」という希望が先に立って、尻込みをすることなど、思いも寄りませんでした。


翌日、私は改装前の店に足を運び驚きました。

店の入っているビルは、数寄屋橋通りの島崎藤村の出身校、泰明小学校近くにありました。見た目は、古くてパッとせず、間取りも、随分狭いという印象を受けました。東京のお店はみんな広々としていると、勝手に想像していたものですから。

店の中に足を踏み入れて、愕然としました。部屋中、蜘蛛の巣だらけ。長い間使われていない店舗であることが見てとれ、銀座にこんな場所があるのかと、信じられない気持ちになりました。あとで聞いた話ですが、そこは、「誰がやっても成功しない」といわれていた、曰く付きの場所だったのです。

でも、汚れているなら綺麗にすればいいだけ。早速協力者の方と店の内装についての方針を相談しました。私がイメージしたのは一部木目調の壁をとり入れた落ち着いた雰囲気の店で、実現するのは大変と言われましたが、あきらめず粘り強く交渉しました。

　次はスタッフ集めです。私が完全なド素人ですから、せめて店長だけは経験豊富な頼りになる人が欲しい。そう思っていると協力者の方から一つの助言をいただきました。

「凄い男が一人いる。彼を落とすことが出来れば、君の店は成功するだろう……」

　その男の名は——谷村。当時隆盛を誇った『ラ・モール』の名マネージャーと呼ばれていた男だそうです。何らかの理由で名店『ラ・モール』を去り、今は関西に身を置いているが、「もう一度銀座で！」という強い意思を持っているはずだ、との情報でした。

　早速その方に連絡を取ってもらい、私は関西に向かいました。これも、後で考えてみると、かなり怖いもの知らずで〝無鉄砲〟な行動だったと思います。とんでもないアウトローである可能性だってあるのに、何の危険も感じずに二十歳そこそこの私が乗り込むというのですから……。

「凄い男」と聞いていたので、私は彼のことを「寡黙で堂々とした大きな身体の男性」と勝手に想像していました。実際に顔を合わせてみると、全く違う人物で背も低く腰も低い、にこやかな笑顔の持ち主で、全体的にまろやかな、私が求めているマネージャー像にピッタリの男性でした。水商売の男性スタッフは、背が高いより低い方がいいと言われています。〝見上げる〟と〝見下げる〟との違いでしょう。

ホッと胸をなで下ろしたものの、何と切り出せばよいのか迷いました。それを見抜いたのか、彼の方が先に名刺を出したのです。

「よくお越し下さいました。谷村でございます」

まだ名刺も作っていなかった私は、

「あの、私、園田静香と申します。クラブのクの字も知りません……。それでも三ヶ月後には銀座に店をオープンします。あなたに来ていただきたい、その一心で会いに来ました」

と、本当のことを話しました。

「聞いております」

いったい誰から？　答えはすぐに分かりました。協力者の方は、常に先手を打たれるのです。

「谷村さん、お願いします！　東京に、いえ、私のクラブにきて、私に色々教えて下さい！」

彼がおもむろに口を開いたのは、しばらく沈黙が続いた後のことでした。

「分かりました。一週間、時間を下さい」

とてもよい笑顔でした。

一週間後、私のところに現れた谷村は、一枚の紙を差し出しました。それは、今、彼が勤めている店の給与明細でした。それが『ＯＫ』の合図だったのです。


それからの三ヶ月といったら、もう目が回るほどの忙しさ。新聞広告での女性スタッフ集め。そしてママ修行のため、他店の面接を受け、ホステスとしての働き方を学びに入店しました。たった十日間ほどでしたが、厳しいイジメにも遭い、悔し涙も流しました。

「私がママになったら、店で働く女の子にはこんな思いは絶対にさせない」。

そう決心した日々でもありました。

それでも何とか、約束の三ヶ月で、準備を終わらせることができ、ついに開店に漕ぎ着けられたのです。一九六七年（昭和四十二年）十一月二十七日のことでした。

踏み出した大きな一歩

『文士劇』①

自分の進むべき道の前に、〝見えないなにか〟が、立ちはだかっている。皆さんは、そう感じられた経験がありませんか？

すぐ目の前に行かなければいけない場所があるのに、やるべきことがあるのに、進むのを阻む、〝目には見えないどす黒い渦巻きのようななにか〟がある。心理学では、『心理障壁』というようです。この〝見えない壁〟は、自分自身が劣勢の場面に、忽然と登場し、憧れる世界への入り口から、はねのけようとします。

私がその〝見えないなにか〟を、リアルに感じたのは、忘れもしない一九六七年（昭和四十二年）十一月二十七日。〝クラブ数寄屋橋〟開店当日のことでした。

その日の昼、知り合いの方へ開店のご挨拶をさせていただくために、紀尾井町の文藝春秋へうかがいました。ひょんなことから話の流れで、その日に『文士劇』が開催されることを教えられました。『文士劇』とは、当時、文藝春秋主催で年に一度開催されていた、著名な作家、漫画家の先生方が演じられる歌舞伎のことです。

（これは絶好のチャンス。著名な方々が大勢集まる場所の〝空気〟を知ることは重要なことだし、あわよくば、どなたかとお知り合いになれるかもしれない）

クラブのママとしての営業魂が、燃え上がります。厳密にいうなら、開店前なので、昼の時点では、まだ〝数寄屋橋のママ〟ではないのです。〝ママ〟として訪問することは、徒競走に例えるなら「フライング」のようなものでした。

（でも、まぁいいか！　審判がいる訳じゃないし）

そんな思いで、私は準備で忙しい店にも寄らず、お部屋見舞いのメロンだけ買って、紀尾井町から『文士劇』が開催される東宝宝塚劇場へと駆け付けました。

そこに現れたのです――。劇場の楽屋の入口をくぐろうとする私の前に、それまでに経験したことのないほどに巨大な〝見えないどす黒い壁〟が。

先ほどまでの勢いはどこへやら。私は楽屋の前で、うじうじとして、ネガティブなことを考えはじめました。

（部外者の私が突然お邪魔したりしたら、嫌われるのではないか）

（若輩者の私などお呼びじゃないのではないか）

急に恐怖が頭をもたげてきました。

そもそも『文士劇』に出演される作家の先生方とは、個人的な知り合いでも何でもありません。ただの一読者として、本や新聞でお名前を存じ上げているだけです。しかも出演者の中には、『夜の蝶』の作者川口松太郎先生をはじめ、山岡荘八先生、柴田錬三郎先生という、当時既に文壇の大御所だったそうそうたる顔ぶれが並んでいます。そんな方々の楽屋に、紹介もアポイントすらない状態で押しかけようとしているのですから、冷静に考えれば恐ろしいことです。セキュリティーが厳しい昨今であれば、不審人物として、間違いなくガードマンに追い返されるでしょう。もちろん当時でも、十二分に非常識な行為でした。

（素晴らしい方々との出会いに憧れて銀座に出てきたのに、初日から尻込みしてどうするんだ……）

（いや、やっぱり、今日は引き返して、来年また来よう……）

（いやいや、せっかく入口まで来たんだから……）

逃げ帰るための理由と、前に進むための理由が、頭の中をぐるぐると回っていました。楽屋の〝見えない壁〟の前で、いったいどれくらいの時間、逡巡の環《わ》に囚われていたかはわかりません。

でも、気が付くと私は、その〝見えない壁〟を乗り越えていました。理屈ではなく頭の中が空になり、単に「エイッ！」と壁を乗り越え、気がつくと楽屋の中にちょこんと座っていたのです。そこが、日本を代表する文化人の方達との、最初の出会いの場になりました。

〝英雄〟と呼ばれる方の武勇伝や冒険小説などには、困難な状況の中で勇気を振り絞って前に進むことを決心した瞬間が描写されています。

「ここで負けられないと思った」

「自分の夢を思い出した」

「愛する人の為に戦おうと思った」

それらは、意外と後付けで演出された〝美談〟なんじゃないかしら。

人間が本当に劣勢な状態で、思い切って一歩を踏み出す瞬間って、そんなものじゃない気がします。もちろん、前に進むための理由や意義を、しっかり持つことは絶対に必要です。でも、〝見えない壁〟を飛び越えるために、最初の一歩を踏み出す瞬間に限っていえば、頭で考えるだけでは、〝行動〟に至りません。

恐れている相手にぶつかる時には、〝理由〟という〝薄い紙〟を、頭の中でいくら積み重ねても、〝見えない壁〟を乗り越えられるだけの高さの〝踏み台〟にはなってくれません。結局は、自分自身を空にして、『エイッ！』と飛び越えるしかないのです。

そしてそれが、〝無鉄砲〟の強みなのだと思います。


一九六九年七月。アポロ十一号のアームストロング船長は、人類ではじめて月面に到着した時、「これは一人の人間にとっては小さな一歩だが、人類にとっては偉大な飛躍である」と言いました。

その一年半前、私は自分の人生にとっての大きな一歩を踏み出しました。

私の存在価値

『文士劇』②

楽屋の中を見渡した私は驚きました。想像していた楽屋のイメージとは似ても似つかない、立派で豪華な大広間だったのです。

数部屋の和室の仕切りを取り払ってつくられた大宴会場は、色とりどりの豪華なお花があちらこちらに飾られ、机の上には高級なお酒やお菓子、お寿司などのご馳走が所狭しと並べられていました。それだけではありません。白衣を着たマッサージ師まで先生方のために待機していました。しかもそれらが全て、先生方がご贔屓《ひいき》にされているる銀座のママたちからのお部屋見舞いだというのです。私はその豪華さに、ただただ、圧倒されてしまいました。

しかし、お見舞いに関する本当の〝彼我《ひが》の差〟は、豪華さとは別のところにありました。それは、贈り主の趣向の強さです。

それぞれのお見舞い品からは、「これなら必ず先生方に喜んでいただける」という、ママたちの確信に満ちた、創意工夫と気合いが見て取れました。

それらに比べると、私の差し入れの何と安易でつまらないことか。自分の抱えるメロンの箱をじっと見ながら、つくづく、そう思いました。メロンを〝つまらないもの〟といっているのではありません。メロンを選択するまでの私の思考プロセスが、〝つまらないもの〟だったことに気付かされたのです。先輩ママたちとのレベルの違いを、思い知った瞬間でもありました。

（差し入れだけ部屋の隅に置いて、すぐにこの場を立ち去りたい！）

恥ずかしさのあまり、そんな気持ちで頭の中が一杯になります。しかし、一度決めた覚悟を覆すわけにはいきません。でも、だからといって、どこでなにをすればいいのかも分からない。知り合いの出版社の方たちも、舞台のお手伝いで忙しいからと、どこかへ消えてしまわれて、その場に一人取り残された私は、座敷の隅に、とりあえず小さくなって座っていることしかできませんでした。完全に気後れしていたため、それからの数十分は、作家の先生方や他店のママさんたちと目を合わせるのも怖ろしく、「なにか話しかけられたらどうしよう……」と下を向いているありさまでした。額に汗がにじみ、冷や汗が肌を伝って流れていくのが、はっきりと分かりました。

目の前を、厚化粧の女形の方や、髷《まげ》を付けて刀を持ったままの方が、連絡や打ち合せなどで忙しそうに出たり入ったりされています。おそらく、この方たちも有名な作家なのだろうということは、口振りや雰囲気で理解できます。当然ながら、誰も私の存在なんて気にも止めていません。水商売の世界では、「存在感がない」ということは、いないのと同じことです。つまり、「存在価値」がないから、「存在感」がないのです。

その時ハッと気付きました。私の店は今夜オープンするのであって、私はまだ、〝銀座のママ〟ではないのです。「存在感」がないのは当たり前です。その私が、大先輩のママさんたちに圧倒されて、それを恥ずかしがるなんて、それこそおこがましい話だったのです。

（せっかくの機会なのだから、この場所をよく見て勉強させていただこう、そして自分の〝存在価値〟を見つけよう）

そう思ったら、急に視界が開けた気がしました。

たくさんの差し入れに埋もれ、美しいママさんたちに囲まれて、談笑される先生方。皆様ご満悦のご様子でした。その方々が、川口松太郎先生、山岡荘八先生、村上元三先生、柴田錬三郎先生、北条誠先生、梶山季之先生、といったそうそうたる方たちだと知ったのは少し後のことです。

先生方のお顔など存じ上げない私ですが、一番奥の方が『夜の蝶』の作者、川口松太郎先生だということだけは分かりました。先生の横にいらっしゃる方が、奥様である大女優三益愛子さんだったからです。先生の身の回りのお世話を甲斐甲斐しくなさっていらしたお姿に、感動したことを覚えております。

廊下を挟んだ向かい側は個室になっていましたが、どの部屋も盛り上がっている雰囲気で、ドアを開ける音、閉める音、女性の甲高い笑い声も絶え間がありません。その場には、早乙女貢先生や井上ひさし先生、小島功先生、それに加藤芳郎先生もいらっしゃいました。読みあさった小説や、夢中になったマンガの作者の方たち、あるいは、新聞、週刊誌の連載や町の本屋で目にした作家の方たち、テレビでお見受けした作家の方々も……。その様子は、まさに圧巻、いえ、壮観でした。

不思議なものです。私が周囲に気を配れるようになると、周りにいらっしゃった何人もの先生方がお声をかけて下さるようになったのです。

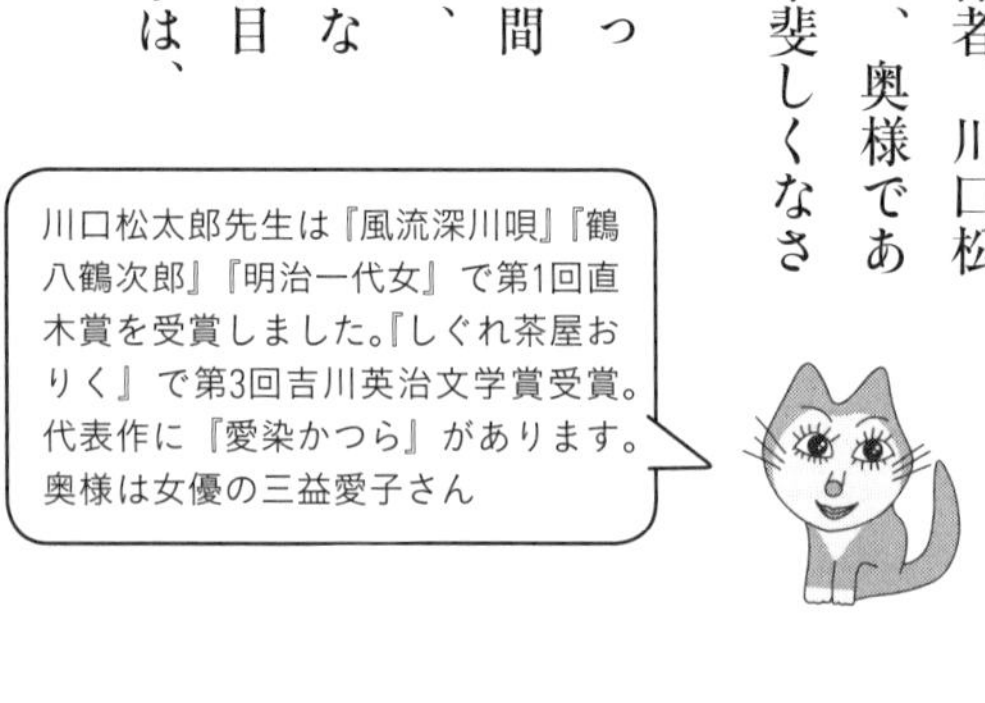
川口松太郎先生は『風流深川唄』『鶴八鶴次郎』『明治一代女』で第1回直木賞を受賞しました。『しぐれ茶屋おりく』で第3回吉川英治文学賞受賞。代表作に『愛染かつら』があります。奥様は女優の三益愛子さん

私は元来、人前で物怖じしない、目立つことが好きな人間です。自分の名刺を差し出して自己紹介をして、店のオープン披露のご案内をさせていただきますと、先生方も、

「近いうちに顔出すからね」

と、ニコッと笑われ、暖かい励ましのお言葉を下さいました。日本を代表される文化人だというのに、親しみが持てる、とても素敵な方々でした。

その中でも、一番記憶に残っていますのは、赤塚不二夫先生の言葉です。

「今夜オープンするんだってね。いいかい、しっかりこの場を見とくんだよ。なにがあって、なにがないかをね。そして来年、お部屋見舞いに来る時は、ここにないものを考えてきたらいいよ」

これこそが、私の、〝心尽くし〟の意味を学ばせていただくきっかけとなったのです。

私は赤塚先生の言葉どおり、部屋の隅々までを注意深く観察しました。でも、見れば見るほど必要なものはすべて揃っているように思え、途方に暮れかけたまま、時間だけが過ぎていきます。

とうとう店の開店時間も近くなり、帰ろうとした時のことです。ふと舞台の袖が気

になりました。段を上って、上手（舞台向かって右）の袖に立ったその瞬間、

「これだ！」

と閃きました。来年にお持ちする〝心尽くし〟のお見舞いを、自信をもって決めることができたのです。

なんだと思われますか？

それは『水』です。袖に立って見ていますと、先生方が汗を流して、時には喉を嗄らして、上手さがり下手さがりをなさっています。もしそこに、ひんやりとした冷たいおしぼりや冷たい水が置かれていて、女性たちから渡されたらきっと喜ばれるはず。その発見は、この場での私の居場所、〝存在価値〟を見つけた瞬間でもあったのです。実際、翌年それを実行したら、多くの先生方から大変なご好評をいただくことができました。

接客業を『水商売』と呼ぶことがあります。心を尽くした結果であれば、『水』さえもお客様に喜んでいただけるという意味だと思います。つまり、サービス業においては、〝心尽くし〟の気持ちこそが、自分の〝存在価値〟を作るための最大の武器となるのです。

後列右から笹沢左保先生、田中小実昌先生、井上ひさし先生、
おおば比呂司先生、1人おいて早乙女貢先生

そのことを学ばせていただき、あれほど曇っていた心は、すっかり晴天にかわってしまいました。意気揚々と〝クラブ数寄屋橋〟に凱旋した私は、晴れ晴れとした気分で、開店の日を迎えることが出来ました。

翌年に持って行ったのは流石に『水』ではなくて、おしぼりと冷たい『お飲み物』でしたが……。

銀座は『山あり谷あり』

開店の最初の週の土曜日は、まさかの〝お茶引き〟（水商売でお客様が一人も来なかったこと）でした。

それにしても週末だとはいえ、開店の週にいきなり〝ゼロ〟を出してしまうとは……。

「どうせ三ヶ月で潰れる」

そんな周囲からの〝予言〟が実現しないように、自分なりの努力を続けてきたつもりでした。ですが、その日の〝お茶引き〟をきっかけに、私の中に無理矢理押し込めていた恐怖が、急に現実味を持って頭をもたげてきたのです。

スタッフを不安にさせるわけにはいかず、「こんな日もあるわよ」と作り笑顔で平然さを装ったものの、内心は恐怖におののいておりました。普段は無鉄砲で能天気な私ですが、翌日曜日は布団の中から出ることができず、用意されていた食事にも手をつけませんでした。そんなことは、今までになかったのです。

心配した母は、すぐに店長の谷村に連絡を入れました。経験豊富な谷村から、銀座での商いの心得を聞かせるのが一番よいと思ったのでしょう。

日曜にもかかわらず飛んできてくれた谷村はあきれ顔で、

「一体何を落ち込んでいるんですか？　たかだか一日〝お茶引き〟だったぐらいで！」

水商売の経験が長く、想像できないような苦労を乗り越えてきた強者《つわもの》からすれば、私の悩みなどいかほどのものでもなかったのでしょう。ですが、万が一、私が精神的に立ち直れないことになったら、谷村だって困ります。彼は私を励まそうと、自分の苦労話を嫌というほど教えてくれたのです。

「ママの悩みなんて、ドン底を見た私からしたら、たいしたことない」

というわけです。

そして大声での決め台詞。

「もし、落ち込んだままだったら、昔の私みたいに、地獄を見ることになりますよ！」

しかし、落ち込んでいる人間には、その手の激励はかえって逆効果なのです。心が暗くなって一層落ち込んだ私は、また布団を被ってしまいました。

困った谷村は母のもとに行き、「自分ではダメです」と。母はこの時ばかりは心配したらしく、部屋にやってきて、私に囁くように諭《さと》してくれたのです。

「静香、商いとは山あり谷ありなんですよ。谷に入ったらまた登ればよか。あんたならできる」

優しい声が心に響きます。布団から出ると、普段は気丈な母が、とても心配そうな表情をしていることに気付き、これ以上甘えていてはいけないと思い、精一杯の笑顔を作りました。

「お母さん、明日から頑張ればよかったいね。わかりました」

それでも顔をくもらせている母に気を遣い、元気な声で谷村に言いました。

「店長、映画でも行かない？」

タクシーに乗れば、有楽町の映画館はすぐそばです。谷村は、封切したばかりのある映画の特等席のチケットを買ってきてくれました。ポップコーンを買って席に着くと、谷村が小声で囁きました。

「あそこにいらっしゃるのが、有名なクラブ『姫』の山口洋子ママですよ」

山口洋子さんが作詞家として華々しくデビューされるのは、その二〜三年後のことです。私は彼女の顔を知りませんでした。でも彼女の全身から、順風満帆な人間特有の、堂々としたオーラが発されているのを感じました。有名人で、店も順調なご様子。他人《ひと》に心からジェラシーを感じたのは、実はその時が初めてでした。それに引き替え、自分はオープンしてまだ一週間目にもかかわらず、お茶を引くという屈辱を味わっているのです。惨めでした。

それでも、映画を観ているうちに、少しずつ心が晴れてきました。ハンサムな主人公たちの不屈の精神に、元気付けられたのかもしれません。だとしたら、本当に単純すぎる性格です。しかし、この性格に何度救われたことか……。その時観た映画の題名は、『007カジノロワイヤル』です。

心が晴れれば、考え方も変わります。

「今の私から見れば『天国』の住人に見える山口洋子ママと、谷村店長の『地獄』のような苦労話を両方知ることができたなんて、なんてラッキーなのだろう」

そう思いはじめました。

そして映画を観終わった頃には、

「銀座のママとして成功したい、どんなことがあっても、布団を被ったまま出てこられない私には、絶対にならない」

と自分に誓っていたのです。

だって、『天国』の山（口洋子さん）と『地獄』の谷（村店長）だったら、山の方がいいに決まってるじゃありませんか？

その決意の甲斐もあってか、〝クラブ数寄屋橋〟は、それから二十数年以上もの間、『山あり山あり』の状態が続き、順風満帆の日々を過ごすことができました。

その後に続く苦難の時代についても、何とか乗りこえ、頑張り続けてこられたのは、一つには、あの日に教えてもらった『山あり谷あり』という言葉と、そして心に刻み込んだ『天国』と『地獄』の明確なイメージがあったからかもしれません。

その後、山口洋子さんは、現役の銀座のママでありながら、『噂の女』、『よこはま・たそがれ』と、作詞家としても数多くのヒット曲を世に送り出し、脚光を浴びる存在になっていかれました。一九八五年に、『演歌の虫』と『老梅』で第九十三回直木賞を受賞された時には、クラブのママとしては初めてのこともあり、大変な話題になりました。

山口洋子さんには〝クラブ数寄屋橋〟にも時として足を運んでいただき、大変可愛

山口洋子さんは、女優から銀座のクラブ「姫」のママに。その後、作詞家活動を始め、「よこはま・たそがれ」「夜空」「ブランデーグラス」などヒット曲多数。小説家としても『演歌の虫』『老梅』で直木賞を受賞しました。

がっていただきました。しかも〝クラブ数寄屋橋〟の四十周年には、毎日新聞での御自身の連載枠に、『数寄屋橋こそ第一』というタイトルの過分なるお褒めの記事まで書いて下さったのです。

数寄屋橋こそ第一

銀座で昔ながらの文壇バーと呼ばれる酒場をいうとしたら、「数寄屋橋」こそ積年の名前も鮮やかで、第一の存在だと思う。

にしても浮き沈みの激しいネオン川の激流に、変らずいきいきと光彩を放っていることは、お見事としかいいようがない、と思う。

ママの園田静香さんはいつも和服でもの静かな女性で、特筆すべきは照る日曇る日、いつも変わらぬ屈託のない笑顔である。年齢は私よりずっと若い。

あるときパーティで顔をあわせて、どうしていつもそんなに元気なのと、聞いてみたことがあった。

「あら、そうですか」横髪に手をあてて云ったあと、暫く間があって「やっぱり好きだからかしら」とさらり。

なるほどと今さらのごとく思った。

考えるだに煩雑なマダム女主人という仕事。岡目八目で周辺からもやっかみと色目で見られがちな役割を天職と思い定め、嬉々として打ち込んでいる女人の姿には敵わないと。

個人的には照る日曇る日いろいろあるだろうけど、毎日の道程の複雑さを、ひたすら好きの一字で乗りこえていく。ナチュラルハイというべき華麗な自然体――。

（引用：毎日新聞２００８年１月17日夕刊　『山口洋子の私だけの昭和』）

こんな風に書いていただいたのですから、「最初にお見かけした日には実は落ち込んでいました」などとは、今さら恥ずかしくて言えません。

半世紀が経ったこれからも、山口洋子さんが褒めて下さった〝天然さ〟を、これからも大事にしていきたいと思います。

〝咄嗟の一言〟と音の出ない〝マイク〟

黒岩重吾先生①

素直な心から出た〝咄嗟の一言〟は、時として、どんなに緻密に計算された言葉よりも人の心に刺さり、人間同士の結びつきを強くすることがあります。私が黒岩重吾先生から強いご縁を頂いたのも、そして〝クラブ数寄屋橋〟が『文壇バー』として、多くの作家の先生方にお越しいただけるようになれたのも、そんな〝咄嗟の一言〟がきっかけになったのかもしれません。

オープンして二ヶ月も経たない頃のことでした。文壇の世界からの最初のお客様が、〝クラブ数寄屋橋〟にお越しになられたのです。既に押しも押されもせぬ大作家でいらっしゃった黒岩重吾先生——その人でした。

黒岩先生との出会いは、今でもまざまざと覚えております。主婦と生活社の編集者

Mさんと、突然お見えになられました。先生は、ドキドキしながら接客をする私たちに囲まれて、小一時間時を過ごされると、いきなりすっと立ち上がられたのです。

　そして、

「この店気に入った！」

と、とても嬉しい一言を仰って下さいました。私たちは飛び上がらんばかりに嬉しい気持ちになったことを覚えています。ですが、不思議なことに先生は、「じゃあ、帰るぞ、M君！」と言ってそのままお席を離れようとされました。

　その時、私の口から素直な気持ちとともに、〝咄嗟の一言〟が……。

「先生、気に入って下さったのなら、なぜ、こんなに早く帰られるんですか？」

　すると先生は少しの間、思案顔をされ、

「うん……、女将の言う通りだ！　でも、他の店に人を待たせているんだよ。また来るよ」

「ホントですか？」

「うん……、遅くなってもいいか？」


黒岩重吾先生は、復員後、株相場で財産を失い、様々な職業を転々としましたが、移り住んだ釜ヶ崎を舞台にした『背徳のメス』で直木賞受賞。戦災孤児をテーマにした『さらば星座』や、古代史小説『天の川の太陽』などがあります。

嬉しくなった私は、

「もちろん待っています」

「じゃ、最後に来るよ」

そして黒岩先生はお約束通り、午前一時過ぎに、お店にお戻りになって下さいました。

黒岩重吾先生

その日以来、黒岩先生は、早い時間に一度きて、他店へ行かれても、必ず最後は、『数寄屋橋』に戻って下さるようになりました。そして私のことを最期まで『女将』と呼ばれたのです。
それにしても、今考えると、二十歳そこそこの娘が大作家黒岩先生に対して、よくもこんな言葉を堂々と口にできたものです。そしてそれに耳を貸してくださる先生の器の大きさと言ったら……。
ですが、いくら黒岩先生でも、もし、私の言葉が、計算ずくのいやらしいものであったなら、聞き届ける気になられたでしょうか？　あの瞬間の私の心の中に、少しでも〝企み〟があったなら、その後の先生とのご縁はなかったのではないでしょうか。そのように思います。

黒岩先生とは、こんな楽しい思い出もあります。

夜も更け、お店に人が少なくなった頃を見計らい、私がマッチ箱にマドラーを突き刺し、お渡しすると、先生はそれをまるで本物の〝マイク〟のように受け取って下さいました。世の中に、〝カラオケ〟というものがなかった時代のことです。

黒岩先生は、その音の出ない〝マイク〟を握ると、まずご自分から歌を歌って下さいました。与謝野鉄幹作詞の『人を恋うる歌』(妻をめとらば)です。そして歌い終わると、マッチ箱で出来た〝マイク〟を隣の席に回し、全員一人一人が真剣に歌います。私は『下町育ち』、そして〝マイク〟が二周目に入ると、黒岩先生は『夜の銀狐』を。

黒岩先生に握ってもらった、あのマッチ箱の〝マイク〟。音は出なかったけれど、現在のどんな高性能のマイクよりも、歌声を心に響かせる、〝魔法のマイク〟でした。

運命の出会い

早乙女貢先生①

店を開いてからちょうど半年ほど経った一九六八年五月。その後四十数年に渡り、親しくお付き合いをさせていただく早乙女貢先生と、私は運命の出会いを果たします。

その日は毎日新聞社さんのパーティーに出席させていただく予定でしたが、ちょっとした事情があって、私は開始時刻に遅れてしまっていました。パレスサイドビルのエレベーターに慌てて駆け込み、会場のある最上階に息を切らせながら降り立った時、数メートル離れたエレベーターが、ほとんど同じタイミングで開きました。そして、その中から粋な着物姿の男性が現れたのです。遅刻して一人で会場に入るのが恥ずかしかった私は、その方が同じパーティーに向かわれるのを見定めると、小走りで追いかけ、意を決して声をかけました。

「もしよろしければ、ご一緒に入っていただけませんか？」

快く私のお願いを聞き入れて下さった、その優しい方こそ、早乙女貢先生だったのです。

その後、〝クラブ数寄屋橋〟に通って下さるようになり、お越しになる時は常に、着流しの着物にきりっと締めた帯と、裸足に雪駄というスタイル。そのお姿には、粋な昭和の男の色気が漂っていました。

感謝仕切れないほどありがたいことに、担当の編集者の方や同年代の作家の先生方を、事あるごとに、数え切れないほど、ご紹介して下さいました。渡辺淳一先生も、早乙女先生がお連れになり、そのご縁で、店に顔を出してくださる様になったのです。

男女の分け隔てなく、大の人好きだった先生。その一方で、「七生生まれ変わっても俺は作家になる」とおっしゃる、筋金入りの作家でした。

池波正太郎先生、司馬遼太郎先生に続く時代小説作家と称えられた早乙女先生は、『僑人の檻』で直木賞を、代表作『會津士魂』では吉川英治文学賞を受賞されていらっしゃいます。

早乙女貢先生は、満州ハルビン生まれ。戦後、山本周五郎先生に師事し、時代小説、剣豪小説、忍者小説などで活躍しました。『僑人の檻』で直木賞受賞。会津藩士を先祖に持ち、ライフワークの『會津士魂』で吉川英治文学賞を受賞しています。

そんな順風満帆の作家生活を送られた早乙女先生の横顔を、四十数年間に渡って、グラスを通してではありますが、拝見させていただくことになるとは、当時の私には思いも寄らないことでした。

早乙女貢先生

君の名は数寄屋橋

菊田一夫先生

お客様の何人かに一人は、こんな質問をされます。

「どうして、〝クラブ数寄屋橋〟って名をつけたんだい?」

「他に名前は考えなかったのかい?」

そんな時、私は決まって、次の三つのコンセプトをお話ししています。

①一度来たら一度で覚えられる名前であること
②全国で通る名前であること
③お客様にお電話しやすい名前であること

実はこの名前に決めるまで、かなり悩みました。

私が九州出身だから、『火の国』にしようか……。『カサブランカ』とか『レッドシューズ』とか、横文字の名前も悪くないけれど、お客様の会社やご自宅に電話をかけにくそうだし……。悩んだ挙げ句、気分転換にふらりと一の橋に向かって歩いていると、「コレだ！」と閃きました。店を出す場所は数寄屋橋、そして通りの名は数寄屋通り。それで、〝クラブ数寄屋橋〟と命名させていただいたのです。

開店して二、三年してからでしょうか。東宝の重役をしていらした、菊田一夫先生がお見えになりました。もちろん、菊田先生といえば、あの名作『君の名は』を知らぬ人はおりません。

その先生が、店名をとても懐かしがって、「数寄屋橋がここで生きていたか」と喜んで下さいました。名作に登場する本物の数寄屋橋はとうになく、高速道路に替わって、今では近くの数寄屋橋公園に、先生の揮毫《きごう》による「数寄屋橋此処にありき」の碑が立っているだけです。

そこで私は、

「『今宵も貴方を待っています。あなた待ちます数寄屋橋で』という気持ちで店名をつけました」

という、小さなウソをつきました。
先生は更に気に入って下さり、色紙に、
「数寄屋橋　人の波　待つ人は来ぬ　かなしさよ」
と、さらさらと書いて下さったのです。
その色紙は、今でも大切に店に飾っております。
そしてこのお話は、店名をつけたコンセプトの四番目に、堂々と位置しております。

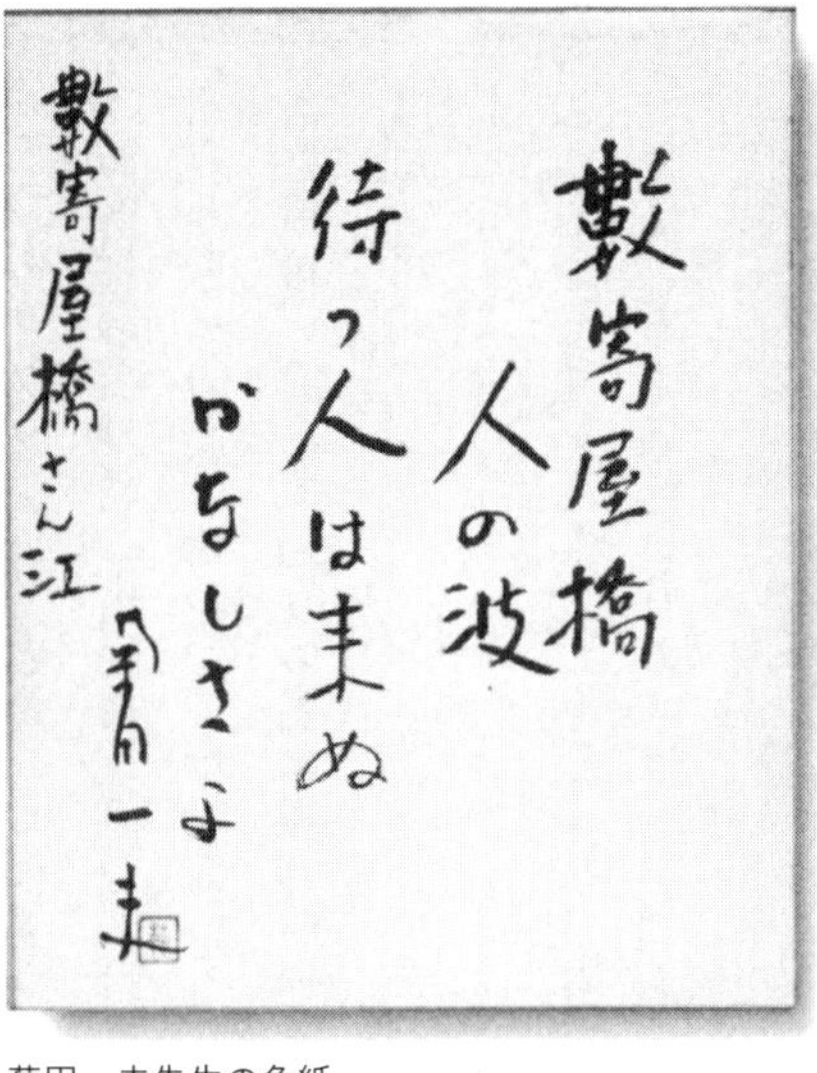

菊田一夫先生の色紙

『夜の蝶』のモデル

白洲次郎さん

ある夜、銀座の有名高級寿司店「きよ田」のお父さんから、めずらしく電話がありました。

「今からお二人、大丈夫ですか？　小林秀雄先生と、※※先生……」

忙しい最中で、一人の名前は聞き取れなかったのですが、

「はい、わかりました。ありがとうございます」

と、儀礼的に返事をしてしまいました。なぜ、わざわざ電話をかけてきたのだろうと思いながらも、無理矢理、小さなお席を作りました。高度成長真っ只中の当時は、とにかくハチャメチャに忙しい状況で、急にお席を確保するのも、結構大変だったのです。

「いらっしゃいませ」

店長の谷村がいつもより丁寧に、小林先生ともう一人の方をお迎えしております。お姿が見えると、店内に一瞬どよめきが広がったのです。私には、それがなぜだか分かりませんでした。

小林先生には以前お会いしていたのですが、隣に座られた紳士は、初めて見る方で、（ワア、カッコイイ……）

それが私の第一印象です。

斜め前に座ってお名刺を、と思っていた私に、その紳士は惚れ惚れするような爽やかな笑顔で、ご挨拶をして下さいました。

「白洲です」

衝撃が走りました。

吉田茂首相の側近として、GHQと対等に渡り合った終戦復興の大立役者、日本のフィクサーとまで噂されていた白洲次郎さん。そのご高名は、当時にして、既に伝説となって轟いていました。

そのおそろしい程の威厳にも増して、実際に拝見する白洲次郎さんの〝素敵な〟ことと言ったら……。

白洲次郎さんは、戦後、GHQ（連合国軍総司令部）に統治された日本で、吉田茂首相の側近として活躍。イギリス仕込みの英語でGHQとも堂々と渡り合ったことで知られます。実業家としても東北電力会長などを歴任しました。

粋でダンディーで知的で気高くて、しかも包み込むような優しい雰囲気の持ち主。とてつもない〝カッコよさオーラ〟を全身から放っていらっしゃるのです。余りの〝素敵さ〟に、私は名刺を渡すのも忘れてしまいました。

白洲さんと小林先生は、長居なさらずお帰りになられたのですが、その後で気が付きました。

（シマッタ！　最後まで名刺渡さなかった、ドウシヨウ？　マア、イイヤ……）

白洲次郎さんと小林秀雄先生は、数回ではありましたが、その後も「きよ田」のお帰りの際に、〝クラブ数寄屋橋〟へお立ち寄り下さいました。

そして、

「銀座にない雰囲気を持ったいい店だね」

という、ありがたいお言葉までちょうだいしました。

お二人はそれまで銀座では、主に、名門といわれていた『おそめ』、『エスポアール』などをご利用されていたようです。それから赤坂へ回るコースが常で、『コパカバーナ』やグランドキャバレーが多かったとお聞きしています。

四〜五年前のことです。私が懇意にしている女性編集者の方と、見覚えのあるような長身の男性が、お見えになったのです。

その方は、白洲次郎さんのお孫さんでいらっしゃる、白洲信哉さんでした。昔お会いした時の、やんちゃでわがままだった学生時代と違い、立派な紳士に変身されていたので、私は目を疑いました。

「まあ、お久し振り！　何と凜々しくなられて。おじいさまによく似てこられましたね」

「僕が一番似てるって、いわれるんですよ。祖父にいろいろな食事処に連れて行かれて、味を知ることができたので、今では食のライターもやっているんですよ」

「そうだったの」

信哉さんは懐かしそうに、

「ママ、このビルのとなり、『エスポアール』でしたよね」

「そうよ！　有名な『エスポアール』。貴方行かれたの？」

「一度、祖父に連れられて……。」

「そういえば、『エスポアール』と、『おそめ』というお店のママたちのライバル関係は、川口松太郎先生の『夜の蝶』のモデルになったといわれているんですよ。私が銀座のママに憧れたキッカケって、実は『夜の蝶』の映画なんですよ」

「へえ……。そうなんですか」

「主演の京マチ子さんが、のれんをさらりと開けて、笑顔でしなやかに挨拶されるシーン。その姿に惹かれて、『銀座のママになりたい！』って。本当に単純なんだから、私って」

ニコニコと上品に笑う信哉さんに、私は以前から気になっていた、ある疑問をぶつけようと考えました。

「ねえ、それよりこんな話、知ってる？『夜の蝶』の物語の中では、二人のママがある一人の男性を奪い合うんですけど、その男性のモデルって、〝文壇の長谷川一夫〟といわれた丹羽文雄先生か、白洲次郎さんのどちらかじゃないかって、いわれているんですよ」

どちらの説が正しいのでしょうか、と私が切り出すのを待つことなく、すかさず答えが返ってきました。

「うちの祖父、白洲次郎がモデルです」

私の中で、一つの謎が解けました。そして、信哉さんの確信に満ちた言葉の中に、あの日の白洲次郎さんのお姿が、蘇ったような気が致しました。

神の戯れ

三鬼陽之助社長

〝クラブ数寄屋橋〟をオープンして一、二年経った頃、〝財界のご意見番〟と呼ばれていた財界研究所創立者、三鬼陽之助先生（社長のことを先生と呼んでいました）から、東京會舘で催される『財界賞』のパーティーに招かれました。私は店の女性を数名連れ、宣伝のための名刺を何十枚も持ち、戦場に行くような心構えで、会場へ参りました。

初めてお会いする方が多く、一生懸命ご挨拶の笑顔を振りまいて名刺を渡していると、背中から声がかかりました。「ママ、ちょっと」と肩を叩かれると、そこには三鬼先生が、何名かの見るからに大物という感じの方たちに囲まれ、談笑をされていたのです。そのうえ、まだ人を呼んでいらっしゃるので、かなり大きな人だかりが出来ていま

三鬼陽之助さんは、総合ビジネス誌『財界』を創刊し、戦後の経済復興に取り組む企業経営者を取材。著書は『東芝の悲劇』など101冊に及び、「財界のご意見番」とも呼ばれました。「経営トップは常に現場に立って」と説き、自身も現場主義を貫きました。

した。

（その様な場になぜ私を？　今から何がおこるの？）

さすがに私も身が竦み、祭壇に上げられる仔羊のような気持ちになってしまいました。父の言葉を思い出したのはその時です。

「静香、どんな偉い人でも同じ人間なんだよ。決して、恐れることはなか」

そうだ！　自分の心に鞭を入れ、下を向いていた顔を上げて、あらためてその人たちの顔を見渡し、そして気が付きました。新聞の写真で見た松下幸之助社長、本田宗一郎社長、店にいらしていたヤクルトの松園社長……。想像を絶するほど凄い人たちなのだな、ということだけは未熟な私でも分かりました。

あっという間に七、八名の方に囲まれていました。

（しまった！　名刺は足りるかしら？）

そんな心配ができるほど、余裕を持つことができました。

三鬼先生がその方たちに向かって、

「この娘、最近クラブを開いたんだ。今若い作家たちに一番人気のあるママなんだよ」

私はとびっきりの作り笑顔で、ご挨拶をさせていただきました。

ところが、私がまだ頭を上げる前のことです。

「実はこの娘の旦那を知ってるんだよ」

私の〝パパ〟と三鬼先生が親しいということは知っていましたが、どうしてよりにもよってこんなところで、そんなことをおっしゃるのでしょう。下を向いたままの顔は真っ赤になっていたと思います。

（やめて、先生！　言わないで！　オネガーイ！）

心の中で訴え続けましたが、先生はそばにいた部下にメモ用紙を持ってこさせ、万年筆で何やらサラサラと書き留めました。

周囲の方々から何ともいえないどよめきが……。そして社長は、右側の一番近い方へそのメモを手渡されてしまったのです。その方は興味深そうに二つ折りの用紙を受け取られると、

「ナルホド……」

と呟いて、次の方にメモを手渡されるのです。

吹き出す人、感心される人、それぞれに違う反応を。

（先生の意地悪！　何もこんな人たちの前でパパの名前を明かすことないじゃない！どういうつもりなの！）

公開処刑のような仕打ちに、逃げ出しそうになっていた私へ、先生は「ホラ、開け

なさい」とメモを手渡してくれました。

泣き出しそうな私は、仕方なく受け取り、恨みを込めて開きました。

自分の目を疑いました。二、三回瞬きを。

そのメモに書いてあった名前は――。

『聖徳太子』

慌てて先生の顔を見返しました。そこには意地悪さの欠片もない、いつものにこやかな笑顔が……。興味を持たれてメモを開かれた方々も、優しく包み込むような微笑みを浮かべておられました。

「ママは一万円札に恋をしているの？　ハッハッハ！　何かの時にお店に寄らせてもらうよ」

愛と茶目っ気のある言葉をいただきました。当時の一万円札には、福沢諭吉でなく聖徳太子の肖像が描かれていたのです。

それにしても、日本を代表される大経営者の方たちに、一瞬にして私を売り込んであげようという、三鬼先生のユーモア溢れるセンスと優しさに、身体の震えるような感動を覚えました。

後日、周りにいらした方たちのお名前が分かりました。

ソニーの盛田昭夫社長、日本精工の今里広記社長、三井銀行（当時）の小山五郎頭取。

私は、財界の〝神様〟たちに囲まれていたのです。

それ以来、その方たちはお店に顔を出してくださるようになり、パーティーでお会いしても、親しくお話しできるようになりました。ほんのひと時とはいえ、三鬼先生を恨んでしまった私です。ごめんなさい。本当に感謝しています。

ところで先生、一つだけ面白いことを学びました。

どんな大物の方でも、秘密めいた話には普通の人と同じ反応をされるんですね！

「この娘の旦那を知ってるんだよ」

とおっしゃったとき、一瞬のことでしたが〝神様〟たちも身を乗り出されましたでしょう？

父が教えてくれたことは本当でした。天国にいらっしゃる先生、お父さん、これからも導いてくださいね。オネガイしまーす！

〝大番頭〟との約束
高橋荒太郎さん

〝クラブ数寄屋橋〟オープンの頃から、かわいがっていただいた高橋荒太郎さん。私は「旦さん」と呼んでいました。

経営の神様、松下幸之助さんの片腕、大番頭ともいわれた、松下電器産業（現パナソニック）の会長を務められた方です。大変な力の持ち主であるにもかかわらず、そんなそぶりを一切見せない温和な方でした。最後まで、松下幸之助社長が、「高橋さん」と呼ばれ、頼りにされたのです。

この方は、私が博多の花柳界にいたころから、ご贔屓していただいていたので、〝クラブ数寄屋橋〟をオープンしてからも、甘え過ぎるほど甘えていました。しばらくお店にいらっしゃらないと、電話をかけて文句を言ったり、またあるときは、

「旦さん、大番頭いわれているんだったら、幸之助さんを一度ぐらい連れてきて！」

などと、無茶を言うこともありました。

ただ、高橋旦さんの目には、優しさの中にきらりと厳しさが光るときもあり、それを感じると、行き過ぎた我がままを自重していました。

オープンして二、三年たった頃、例によって開けっ放しの〝クラブ数寄屋橋〟の入口から、突然、高橋荒太郎さんのお姿が。その後ろにはなんと、見覚えのあるお顔、そう財界のパーティーでお会いした、松下幸之助さんがいらっしゃるではありませんか。

でも、お店は超満員の状態です。急いで、前の喫茶店にお連れして一緒に座り、席が空くのを待ちました。

十分ほどしてやっと、無理矢理作った狭いお席にご案内することができました。高橋旦さんを前に、私が松下社長の隣りに座りますと、社長が、

「繁盛していいですねぇ……」

高橋の旦さんは、笑顔で

「ここはいつもそうなんですよ。わたしだけでしたら、ママは喫茶店までついてきて

くれないんですよ」

私はムキになって
「高橋旦さんのときだって、ちゃんとウチの女性がついていくでしょう」

そんな会話を耳にしながら、松下社長は店内を見渡されました。

少し離れたテーブルに七、八名のお客様がいらっしゃいました。その中に、ひときわ目立つ派手なジャケットに、長い白いマフラーを無造作にかけた男性が目にとまったらしく、

「あちらは、どういう方ですか」

と、お尋ねになりました。

その方は、梶原一騎先生で、東映の渡邊亮徳さん（後の東映株式会社副社長で、『戦隊シリーズ』の生みの親）に連れられて、映画関係者たちとご一緒に、お越しになっていたのです。

実は、私が梶原先生をお見かけしたのは、その時が初めてだったので、どなたか存じ上げておらず、つい返答に困ってしまいました。

「お身体も大きいし、たぶん東映の悪役専門の俳優さんじゃないかしら」

などといい加減なことを……。

「奥にいらっしゃるのは、作家の黒岩先生では」

「そうです。黒岩先生です！」

今度は自信をもって堂々と答えられました。

しばらくして高橋旦さんが、「社長、そろそろ……」と促されると、松下社長は、「楽しかったですよ」と言い残され、お二人はお帰りになりました。

お姿をお見送りしながら、私は、高橋旦さんが約束を守って下さったことに、深く感謝をしておりました。同時に、旦さんの凄さを、あらためて知った思いがいたしました。真の大物とはこういう人なのだ、と。なにしろ、あんな冗談で交わしたような約束ですら、守って下さるのですから。

その日以来私も、人との約束は必ず守ると心に決めました。もちろん、力が及ばずに守りきれなかったこともありますが……。

〝大参謀〟と〝優しいおじちゃま〟の貌《かお》

瀬島龍三さん

山崎豊子先生の小説『不毛地帯』のモデルにもなった瀬島龍三さん。戦中は大本営作戦参謀などを歴任し、戦後は伊藤忠商事会長や中曽根総理の顧問などを務めた、〝昭和の参謀〟とも呼ばれる方です。瀬島さんはそんな大人物でいらっしゃるのに、私に対しては、最初から最後まで、ずーっと、〝優しいオジちゃま〟でいて下さいました。

はじめて〝クラブ数寄屋橋〟にご来店された時、瀬島さんのお役職は、伊藤忠商事の部長でした。私が博多の花柳界の頃から可愛がってもらっていた、当時の伊藤忠商事社長、「繊維相場の神様」といわれた越後正一さんが、お店にお連れ下さったのです。

瀬島さんのお顔は、一見すると厳しそうにも見えましたが、私がご挨拶の名刺をお渡ししますと、ニコッと笑顔を向けて下さいました。

「ママが〝せい子（芸妓時代の私の名前）〟ちゃん？　静香《こっち》の方がずっと芸妓らしいのに」

優しく包み込むような、たまらなく魅力的な笑顔でした。私の名前をご存じだったのは、きっと越後旦さん（博多の花柳界ではお客様のお名前の後ろに〝旦さん〟を付けてお呼びするのです）からお聞きになられていたのでしょう。その日以来、瀬島さんはご接待のお客様や部下の方と、〝クラブ数寄屋橋〟にお越しいただくようになりました。

瀬島さんがお顔を出されると、店内が一瞬ざわつくことがありました。

アチラコチラのお席から、囁きが聞こえてきます。

「あの人はカクカクシカジカ」「とにかく凄い人なんだ」「今にもっと偉くなるぞ」

噂どおり、瀬島さんはあっという間に専務にご昇進されました。海外に出張されることも以前より多くなられ、時々お土産を持ってきて下さり、楽しい時間を過ごさせていただきました。そして私は、いつしか、瀬島龍三さんのことを、「瀬島のおじちゃま」と呼ぶようになっておりました。

瀬島さんはその後、伊藤忠商事を押しも押されもせぬ総合商社に発展させて、会長にご就任されました。中曽根総理のブレーンとしてもご活躍され、多忙を極められる中、お逢いすることもなかなか難しくなっていきました。パーティーなどでお見かけしても、いつもたくさんの方に取り巻かれていて、目でご挨拶するのがやっとという状況でした。それでも、瀬島さんはいつも一瞬だけ、ニコッと〝おじちゃま〟の笑顔を向けて下さったのです。

瀬島さんが九十二、三歳になられた頃のことです。ご高齢でいらっしゃるので、もう〝クラブ数寄屋橋〟にお越しいただけることなどないだろうと思っていた矢先でした。

角川春樹さんのパーティー会場で、お目にかかれたのです。隣のお席にいらっしゃる紀伊國屋書店の松原治会長、森村誠一先生にご挨拶を済ませ、瀬島龍三さんのところへ。

「瀬島のおじちゃま、お久し振り。嬉しいわぁ、お元気そうで」

すると〝おじちゃま〟は、

「二、三週間前に、岡田君（岡田茂東映社長）と店に行ったんだけど、君、いなかったよ」

「ええっ？　嘘っ、私がいないわけないわよ！」

「いや、いなかった。男ばっかりだった」

「男ばっかり？　女性たちは？」

「誰もいなかった。男たちがお茶を飲ませてくれたがね」

私は、店を休んだことがないのが自慢なのに、不思議でした。

「おじちゃま、何時頃、店に来て下さったの？」

「五時半ぐらいかなあ……」

つい吹き出しそうになるのをぐっと抑え、

「店は、だいたい七時からよ。私は七時三十分にしか行かないわ。おじちゃまがいらっしゃるのが分かっていたら、何時でも合わせますけど」

「そうかあ、じゃ、今度から連絡入れといてから行くよ」

これが瀬島さんと私の最後の会話になりました。


〝昭和の参謀〟といわれる瀬島龍三さん。私がまったく知らない、厳しいお貌《かお》をお持ちの方だったに違いありません。ですが、私にとっては、どこまでも優しい〝おじちゃま〟でいて下さいました。初めてお逢いしたときからずっと、そしてこれからも永遠に……。

瞳が光って見えた瞬間《とき》

三島由紀夫先生

一九七〇年十一月のことです。戦後日本を代表する文化人の一人であり、若くしてノーベル文学賞候補になった世界的大作家、三島由紀夫先生がご来店をされました。

確か三度目の時だと思います。先生は五人でお越しになり、テーブル席の両脇に若い男性が座し、向かい側に編集者の方がお座りになりました。なにか熱のこもった議論をされていたので、私はご挨拶だけして、他のテーブルに移りました。

当時の〝クラブ数寄屋橋〟は、作家と作家、作家と編集者といった組み合わせが多く、時として一触即発の大議論が、店内のあちこちで当たり前のように繰り広げられていました。人と人の感性をぶつけ合い、情報収集や意見交換ができる情熱が漲ったサロン、といった感じでした。

ですから三島先生たちの議論も、特別なものだとは思わなかったのです。両隣の若い方が〝楯の会〟の方だとは聞いておりましたが、なにも知らない私は、どのような会なのかすら理解しておりませんでした。お恥ずかしい話ではありますが、私は〝殺陣の会〟だと勘違いして覚えていたほどに、無知だったのです。

お帰りの際に見送りに参りますと、三島先生は私の肩に手を置いて、お連れの方々に向かってこう言われたのです。

「見ろっ！　このママの目が、一番光っている！」

私には、三島先生が何をおっしゃっているのか、全く分かりませんでした。脈絡のない会話だったこともあり、その時は大して気にも止めずに聞き流してしまったのです。しかし、それが、私が三島先生から聞いた最後の言葉となってしまいました。

あの時の三島先生のお姿を、私は一生忘れることがないと思います。そして今でも、三島先生がどのような意味であの言葉のおっしゃったのか、あの瞬間に何を考えていらっしゃったのか考えることがあります。

先生の真意を知ることはできませんが、私の目を「一番光っている」と言って下さ

三島由紀夫先生は、ノーベル文学賞候補になり、海外での評価も高い方です。『仮面の告白』『金閣寺』『豊饒の海』などが代表作。「楯の会」を結成し、70年、自衛隊市ヶ谷駐屯地で憲法改正のためのクーデターを呼びかけ、割腹自殺しました…。

ったのは、アイラインを上手くひいた目そのものではなく、私の必死な姿の中に何かをご覧になったのではないでしょうか。

御自身より遥かに若輩の、当時二十代前半の私が、右も左も分からない状態で偉大過ぎる方々のお相手を務めている光景は、天才である三島先生の目から見ても、かなり無茶なものに映ったはずです。それでも〝素直さ〟を忘れずに、笑って店の中を走り回る。そんな〝天然〟に生きている私の姿と、思想に殉じようとされている御自身とを対比されていらしたのではないのかしら。そして、〝生きるということの輝き〟についてて、万感の思いを馳せられたのではないか、そんな気がするのです。

〝死地に赴く兵士の目には、野に咲く一輪の花さえ愛おしいものに映る〟といわれます。最期を悟った時になってやっと、世界の美しさと生命の輝きに気付く。それが人間という存在なのかもしれません。

三島先生は決行までに残された最後の時間を使って、この世の〝愛すべきもの〟全てに、最後のお別れをして回っておられたのではないかしら。そしてきっと〝愛すべきもの〟の中に銀座を、そして〝クラブ数寄屋橋〟を含めて下さっていたのだと思います。その先生の目に、最後の銀座のネオンがどのような輝きで映っていたのか、それを考えると心が痛くなります。

三島先生が陸上自衛隊市ヶ谷駐屯地で自決されたのは、そのわずか一週間後、十一月二十五日のことでした。

自衛隊総監室前のバルコニーからまいた『檄《げき》』には、戦後の日本人が『魂の空白状態に落ち込んでゆく』ことへの憂いが書かれていたそうです。また生前に発表された『文化防衛論』では、「文化を守るには、他のあらゆるものを守ると同様に力が要る」と主張されていたと聞いています。

『英雄的末路』を自ら望み、決行された三島由紀夫先生。その〝天才〟の〝生き方と最期〟について、凡人である私が何かを申し上げることなどできるはずもありません。ですが、先生が決行とは別の道を選び、今の時代を生きていらっしゃったなら、と想像せずにはいられないのです。

果たして三島先生から見て、現代の日本文化は『魂の空白』に映るのでしょうか。『侵略されてしまったもの』に映るのでしょうか。それは誰にも分かりません。もしかしたら、いえきっと、褒めて頂ける部分も、現代の日本にはたくさんあるのではないでしょうか。

たとえば、『クールジャパン』。

三島先生が『あしたのジョー』をはじめとするマンガや特撮映画をお好きだったこ

とは、とても有名な話です。大人がマンガを読むことが、今ほど当たり前ではなかった当時に、その素晴らしさを、先生は堂々と論じられていた。

日本のサブカルチャーが世界中で愛され、リスペクトされている現状を、もし先生がご覧になられたら、きっと大喜びされているのではないかしら。そんな楽しい想像が膨らみます。

三島先生から頂戴した『この目が一番光っている』という言葉、それに恥じない生き方をしていきたい。そして出来ることならば、先生が愛された『銀座』の文化をこれからも守り続けていきたい。その気持ちは今も私の中で強く燃え続けています。

第二章

花竜巻に運ばれて

花竜巻の時代

一九七一年の四月、私は両親を連れて、宮城県松島を周遊しておりました。湾を臨む岬の上には鹽竈神社《しおがまじんじゃ》が鎮座しています。その境内には国の天然記念物〝鹽竈桜《しおがまさくら》〟があり、その桜を見ることが旅の目的の一つでした。

私は桜に限らず、大きな木、長寿の木を見ることが大好きです。本当に立派な大樹に出会えた時には、見ているだけでは我慢できず、実際に手を触れたり、時には抱きついたりしてしまいます。そうすることで、自分よりも遙かに長い時間を生きているその大樹と、エネルギーを交換できるような気がするのです。

その日、私を迎え入れてくれた鹽竈桜は、期待を遙かに超える素晴らしいものでした。圧倒的なまでに荘厳な美が、空と海の狭間で輝いているのです。

奇跡のような光景が目の前に開けたのは、その時でした。突然、疾風が吹くと、巨大なつむじ風が巻き起こり、無数の花びらを天高く巻き上げていったのです。思わず駆け寄り手を伸ばしたとき、私の手の中からこぼれ落ちたおみくじが、竜巻に吸い込まれ、空に昇っていってしまったのです。私は、それを自分の運命の暗示だと、心から信じました。

日中国交正常化が実現し、上野にパンダがやってきて、石油危機で高度成長が終わり、産業構造が変わって、日本がさらなる輸出大国となっていくこの時代。私にとっての黄金時代が幕を開けます。

お客様がお客様を呼び、店は連日満席でした。超ＶＩＰの方々を含めて、多数のお客様で溢れ、お席が空くまで、隣のバー〝くろさわ〟でお待ちいただいたり、前にある喫茶店を待合室代わりに使わせていただいたり、嬉しい悲鳴を上げさせていただきました。

直木賞をはじめとする各文学賞選考会が終わると、編集者の方々や選考委員の先生方に、〝クラブ数寄屋橋〟にお越しいただいておりました。

様々な方々のご指導のもと、装丁や作詞作曲、執筆などの創作を手がけさせていただいたのも、この頃です。私の夢を木に例えるなら、〝クラブ数寄屋橋〟が夢の幹となり、そこからたくさんの枝が伸び、花をつけはじめたのです。私自身に、同じことをやれと言われても二度とできないような、「〝花竜巻〟に運ばれた」としか表現できない黄金時代でした。

その日々を振り返るにつけ、人が大きな成功をするためには、自分の力だけではなく、〝風〟、と私が呼んでいるものが、必要になると思うのです。〝風〟がどのように起こり、それに乗るためには何が必要なのかを、もう一度考えてみたいと思います。

星につながる鐘の音

松前重義先生

日本の科学技術発展のために、生涯をかけられた松前重義先生。世界の主流となった通信方式、『無装荷ケーブル方式』を発明した日本を代表する科学者、東海大学を創立された偉大な教育者、そして政治家でいらっしゃった松前先生は、私にとっては古典文学の素晴らしさを教えてくださった師でもありました。

先生は同郷ということもあり、数寄屋橋オープンの頃からご贔屓にしていただいておりました。はじめてお目にかかった時から、先生の柔道で鍛えられた見事な体格と手入れの行き届いた美しい白髪、そして全身から発されているオーラに憧れを感じていたことを、覚えています。

先生はお酒が入りますと、いつも古典の詩を口ずさまれていらっしゃいました。よく聞かせていただいたのが、平家物語、土井晩翠、島崎藤村です。

そんな素敵な姿に憧れ、自分も詩を一つ暗唱できるまで、勉強してみようと思いました。実際は、ただ〝無鉄砲〟に熱中しただけですけれど、選んだのは一番身近に感じた、島崎藤村の『初恋』という詩でした。

その後、来店され、席につかれた先生に、ニコッと笑顔でゆったりと、『初恋』を暗唱してみせたのです。


「まだ上げ染めし前髪の　リンゴのもとにみえしとき　前にさしたる花櫛の　花あるきみとおもえけり　……、りんごばたけの木下に　……といたもうこそ恋しけれ」


詩に合わせながらの身振り手振りに、先生は驚かれながらも、目を細めて、

「この子は頭《あたまん》よか！　驚《たまが》ったばい」

と、とても喜んで下さいました。それ以来、先生は平家物語などの古典をはじめ、土井晩翠や島崎藤村ほか、いろいろな詩を教えて下さいました。私は褒められるのが嬉しくて、必死になって覚えました。

先生は、著名人をはじめご立派な方々を数寄屋橋でご接待されるときにも、お客様

の前で私に詩を唄わせました。

「ほんなこつ、この子は頭よかったい。私が一回教えるともう覚えとるけん」

お連れ様に自慢されるお姿が、今でも心に染み込んでおります。

世の中には、教え子にプレッシャーだけを与え、学ぶことの楽しさを奪い、本来持っていた才能や可能性までも潰してしまう、駄目な指導者も存在しているように思います。私が受けた松前先生の教育は、それとは全くの対極にある素晴らしいものでした。先生の教育には、教え子への心からの愛と優しさが存在《あ》るのです。

先生のその優しさが嬉しくて、私は長い詩をいくつ覚えたことか。たぶん十以上は、夢中になって覚えたと思います。それらの詩は、身体の中に入って頭にしまいますと、なにかが広がったような、そんな気持ちにさせてくれます。

その中で、先生が一番お好きだったのは土井晩翠の『暮鐘』でした。

「天地有情の夕まぐれ………。ゆふ入相の鐘の声……」

そこまでいくと、先生が「ゴーン」とお茶目な合いの手を入れて下さるのでした。

松前先生は、何十年もの間、週に一、二回、お店にお越し下さいましたが、ある時期からお姿を見ることが少なくなり、とうとう足を運ばれることがなくなってしまいました。

心配になり連絡をしたところ、体調を崩されたご様子で、案じておりました。

その一年ほど後、あるパーティーでお会いした時、車椅子に乗り、虚ろな目をされていらっしゃる先生のお姿に、大きな衝撃を受けました。

「先生！」

私はそばに近寄り、挨拶もせずに土井晩翠の詩を耳元で唄いました。

一瞬ではありましたが、先生はニコッと笑われ、オーラを放たれていた以前の姿を取り戻されたような気がしました。

驚いたことに、その夜、息子さんの奥様と、先生が一番信頼されていた当時の秘書、弘兼のお姉ちゃんと三人でお店にいらっしゃったのです。抱えられるようにしてお店の中へ入っていらした先生に、私は驚きと嬉しさで、すぐにおそばへ飛んでいきました。

先生の目をしっかりと見つめて、覚えている限り、詩を唄いました。そして最後に、先生の一番お好きだった『暮鐘』を唄ったのです。その時、先生は、

「ゴーン」
と合いの手を入れて下さったのです。
『若き日に汝の希望を星につなげ』
生前、教育者として、松前先生が全ての若者に向けて語られたお言葉です。

私も先生の教えどおり、自分自身の希望の星に向かって、手を伸ばし続ける生き方をしてきたと思っています。先生から教えていただいた数々の詩、今でも人前で披露できますよ。

きっと日本の誇る偉大な先生が、私の中に降りて来て下さるのでしょうね。そして私を「希望の星」へと導いてくれる、そう信じて、これからも教わった『暮鐘』を唄い続けようと思います。

「響く　微妙の楽の声」の後には、「ゴーン」という先生の声が、今でも聞こえるようです。

ご縁があって、松前先生の詩集の表紙画を手掛けることに

〝人殺し〟を〝返り討ち〟に

司馬遼太郎先生

時折パーティーではお会いし、独特の甘いオーラを感じていた司馬遼太郎先生が、突然〝クラブ数寄屋橋〟へいらっしゃいました。それも御一人で。作家の先生方には慣れておりましたが、司馬先生はクラブには行かれないと聞かされていたので、驚きと嬉しさが交錯してしまいました。

「うわー、来て下さったんですね！」

何というお迎えの言葉でしょうか。

私は胸をときめかせながら、でも店内を見渡すと超満員……。お席に座っていらっしゃる他のお客様に少しずつ詰めていただき、狭い空間を作りました。

私も無理やりちょこんと隣に座り、

「先生にお店でお会いでき、とてもとても幸せです」

「それはありがとう。前回のパーティーで、ちょっとだけでしたが、ママになんとなく親近感を持ち、一度お会いしたかったんですよ」

笑顔でさらりとお話をされる先生の姿に、舞い上がりそうになる私自身を必死に抑えて、下手な手つきでお水割りをつくりました。しばらくは、先生のそばから離れることができませんでした。

会話も御上手で、時の経つのも忘れかけているとき、店の女性たちが替わる替わるご挨拶にまいります。ご接待を任せ、私はママ業に戻りました。

しばらくしてお帰りになると知らせがあり、私は慌てて、立ち上がろうとされている先生のそばに行き、心からのお礼を言いながらお見送りをいたしました。

出口に近づくところで、

「いいお店ですね。思った通りでしたよ。また機会があったら」

と、ありがたいお言葉をいただきました。

「本当ですか？　うれしい！」

先生の後姿を見送っていましたら、

「ママ、ボーっとして、何やってんだ？」

後ろから肩を叩かれ、いきなり現実に戻されます。

振り向きますと、佐野洋先生、生島治郎先生が。お二人は兄弟のように仲良しでした。

「今ね、司馬先生をお送りしたところなんです」

私の上ずった声に、両先生は大笑いしながら、

「司馬遼さんかい？　珍しいなあ。ママのこの顔みると……殺られたな。あの人は人殺しなんだぞ」

と、佐野先生がからかうようにおっしゃいます。

横にいらした生島先生も続きます。

「どうせ、自分の作品に登場する女に似てるなんて言われたんだろ？」

「そんなこと、言われておりません！」

ムキになって反論したものの、多少の不安も感じてしまいました。脳裏には、「なんとなく親近感を」という司馬先生の言葉が焼き付いているのに……。ひょっとしたらリップサービスだったのかしら？

いや、そんなことはない。両先生の目をしっかり見つめ、

「先生！　私が殺されたのだったら、司馬先生を返り討ちにするにはどうしたらいいのですか？」

司馬遼太郎先生は、産経新聞記者在職中に、『梟の城』で直木賞受賞。『竜馬がゆく』『燃えよ剣』『坂の上の雲』など戦国、幕末、明治を描く歴史小説の第一人者です。『街道をゆく』などのエッセイや、対談も多数あります。

本音半分、冗談半分で問いかけました。

「そうだなあ、もう一度、いや二度ぐらい数寄屋橋に来てもらえたら、ママが返り討ちしたことになるだろうな」

佐野先生がニヤニヤしながら答えると、生島先生も、

「そりゃ、無理だろう。大体、クラブには来ない人だからな」

と、お二人から、揶揄《からか》われました。

でも、私は「親近感」という言葉が心に残っていたので、それを頼りに強気で、一つの提案をしたのです。

「わかりました。先生方、賭けをしましょう。司馬先生がいらっしゃったら、私の返り討ちは成功。そうなったら、ゴハン御馳走して！　いらっしゃらなかったら、私が御馳走します」

「わかった、わかった。ただし今から一年以内だぞ」

お二人は、愉快そうに大人の対応をしてくださいました。

私は、一年以内で大丈夫かな、と思いながらもきっぱりと答えました。

「ハイ、わかりました」

商談は成立です。その時の、お二人の楽しそうなお顔は、今でも忘れません。

司馬先生の描かれる女性たちは、竜馬の恋人のお竜さん、国盗り物語のお万阿さんをはじめ、好きな人のためなら自らを顧みず立ち向かっていく、芯の強さを持っているような気がします。

私にも、ちょっとそんなところがあるのではないかしら。そこを先生は見抜かれたのではないかしら。だから司馬先生はきっと来て下さる。自分勝手にそう思い込み、見栄を張って「返り討ちにする」などと大きなことを言った手前、両先生にお会いするたびに小さくなる私。お二人は、一向にお変わりなく、ニコニコしていらっしゃる。そんな日々の繰り返しでした。内心、「あんなこと言わなければよかった」と、半ば反省の色もふつふつと沸き上がり始めたのです。

七、八ヶ月後のことです。不安が絶頂に達していた私の前に、編集者に囲まれた司馬先生のお姿が……。

「先生！」

私は嬉しさのあまり、思いっきりしがみ付きました。

「おいおいママ、俺たちに挨拶は無いのかい？」

我に返った私は、

「ごめんなさい！　いらっしゃいませ！」

でも、事情を話すわけにはいきません。

「すみません。先生があまりにお久しぶりだったものですから。お連れ頂き、感謝いたしますわ。どうぞお席の方へ」

精一杯のお迎えの言葉でした。

やったあっ！　両先生との勝負は私の勝ち！

でもそんなことより、クラブには行かれないとお聞きしていた司馬先生に二度も来ていただいた。その事が、今でも私の心の片隅で光を放ち続けています。


その後、お逢いすることは叶いませんでしたが、お亡くなりになってからも先生の御威光は衰えず、今もファンを魅了し続けていらっしゃいます。

店に置いてある手作りの写真集『数寄屋橋の足跡』の中に、今も司馬先生の包み込むような笑顔が残っています。それをご覧になったお客様は驚き、興奮とともに目を輝かせながら「司馬遼談義」に花を咲かせます。

『竜馬が行く』、『翔ぶが如く』、『燃えよ剣』、『風神の門』、『この国のかたち』……。

「司馬先生の作品を若い頃に読んで人生観が変わった」とおっしゃる男性の方の多いこと。

それでも時々、「あ、それ読んでないな」という声が聞こえると、私は知っている限りの知識でお答えしています。

「じゃあ買わなきゃね。その本なら※※文庫から出ているわよ」

少しでもの御恩返しのつもりです。

誤解から生まれたご縁

吉行淳之介先生

華と粋を持った、憧れの吉行淳之介先生との出会いは衝撃的でした。

なんのパーティーか忘れましたが、私の視界の中に、生島治郎先生、色川武大（阿佐田哲也）先生、他数名の方たちに囲まれた吉行先生の姿が。吉行先生以外は親しい方ばかりでしたので、これは挨拶のチャンスだと思い、小走りで近くまで行って、頭を下げました。その途端、吉行先生が私に、すごい剣幕に満ちた怒りの声をぶつけてきたのです。

「君、大っ嫌いなんだ！　あっちへ行ってくれ！」

初対面の方にこんなことを言われたのは、生まれて初めてです。まるで狐につままれたような気持ちになりました。どうしたらいいのか分かりません。ただ、顔だけが自然と下向きになっていきます。込み上げてくる悲しい思いに耐えきれなくなり、私は皆様に背を向け、その場を立ち去ろうとしました。

「ちょっと待って、ママ！」

先生の中のお一人に呼び止められました。一方、吉行先生は、別の先生から何か説明を受けていらっしゃるようでした。

そうなると、もう去るわけにいかず、その場にとどまるしかありません。

私は心の中で、

（先生って思い描いていた人とは全く違う。なんて嫌な人！）

憎しみの炎がめらめらと。やっぱり帰ろう、そう思って歩き始めると、追いかけて来た方がいます。吉行先生でした。

「いやあ、悪かった。実は俺が一番嫌いな女にそっくりで、そいつが来たと思ってね。このとおり、謝るよ！」

どうやら誤解が解けたらしいのですが、釈然としません。私は複雑な気持ちで、先生の顔をじっと見ておりました。

先生はニコッと笑われ、

「君、新しく店を出した、仲間達がよく行っている〝数寄屋橋〟のママだって？ 悪

吉行淳之介先生は、編集者を経て、『驟雨』で芥川賞受賞。同時期にデビューした、近藤啓太郎、安岡章太郎、遠藤周作各先生などと「第三の新人」と呼ばれました。女性関係をテーマにした作品が多いことでも知られます。

かった。お詫びは、今夜店へ行ってから」

そうおっしゃって、その場を去られました。

先ほど受けた屈辱もすっ飛び、わたしは先生の後ろ姿を見ながら、カッコイイ！

と思ってしまいました。


吉行先生は生島治郎、黒鉄ヒロシ、村松友視、多くの先生方から兄のように慕われ、男性のみならず、女性からも好かれる素敵な方でした。先生は銀座にいらっしゃったら、一店で大体三、四十分間ほど過ごされ、数軒は梯子されるのが常でした。

ある時、先生は珍しく夜七時四十分頃にお越しになられました。

「ちょっと早すぎるから、まずここに来たよ」

考えられない早いご来店に、胸が高鳴りましたが、その一方で、（どうせこれから梯子するのに数寄屋橋が位置的に一番便利だっただけですぐにお帰りになられるのだろう）、と心の中で冷静な分析をしておりました。

ところが、先生がお帰りになられようとするタイミングで、親しい編集者がお見えになり、その方とは久し振りだったのか、先生はそちらの席へ移られ、またグラスを傾けはじめました。

その方としばらくお話をしていらっしゃる間に、今度は先生が会いたがっていた作家の方がお見えになり、またその席へ。するとお話が終わる頃にまた別のお友達が……。

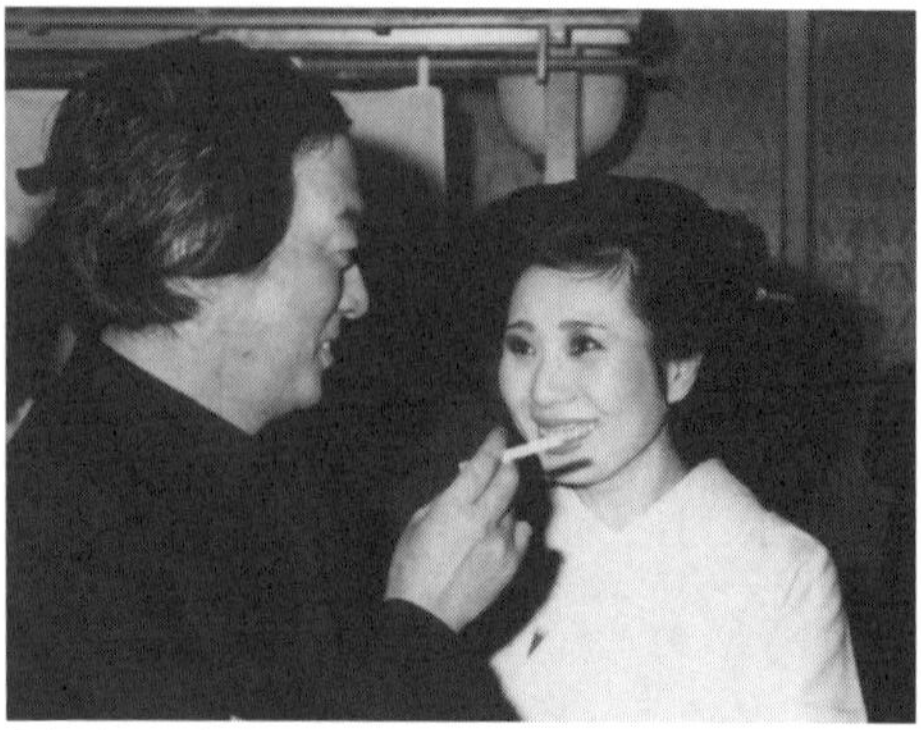
吉行淳之介先生

吉行先生はその日、どういうわけか六、七名のお知り合いに遭遇し、〝クラブ数寄屋橋〟をお帰りになる時間は、結局午前二時近くになってしまいました。

先生曰く、「後にも先にも、七時間も同じ店にいたのは初めてだろう」と。最初で最後の大記録だそうです。

何年か後に、先生はお体を崩されるのですが、お逢いするといつも冗談半分で、

「君のところには、体調のいいときにいくからね」

と笑いながら言われたものです。あの夜の数寄屋橋での七時間半が、よほど印象に残っていらっしゃるのでしょう。

ダンディーで、粋。男性にも女性にも慕われる、大きな華を持たれた優しい方でした。

〃粋〃な断り方
阿刀田　高先生

大作家阿刀田高先生。

先生は、直木賞、柴田錬三郎賞をはじめ、各賞の選考委員をなさり、またペンクラブの会長を務められました。その傍らで毎年秋にイイノホールで先生、奥様を中心とした朗読の会もされる方でした。

先生が会長をされていらっしゃる時、世界ペンクラブの大会（京王プラザ）という大イベントを開催され、大成功を収められました。うちの女性達もお手伝いに参加させていただき、会の最後の阿波踊りでは、世界の文化が一体となり、大変な盛り上がりだったそうです。

先生はそのままのノリで何と世界ペンクラブの会長を西木先生、梶先生、etc.とと

左に阿刀田高先生

もに数寄屋橋へお連れ下さいました。それもお連れになられた各先生のご負担で。

「いろいろと世の中がうるさいので」

と笑って仰っておられました。

半世紀、銀座でクラブを経営しておりますが、世界ペンクラブの会長が来店されたのはその時が初めて、おそらく最初で最後になると思います。

阿刀田先生とはいろんな会場でお会いするので、その都度私はお店にお誘いしようと思うのですが、いつもにこやかな素敵なお顔で、

「相変わらず美しいね。ママから美という字が消えたら伺いますからね」

と粋でニクい一言。

お誘いする前にお断りされる。そして断られた当人が心地よくなる。言葉の達人とはこの様なお方を言うのだろうか、そんな風に思います。

強い男の〝粋さ〟

大鵬さん、北の富士さん

日本の国技、相撲。神代の頃から存在する、武道であり神事でもあるこの格闘技の格調の高さについては、今さら申し上げるまでもありません。

大銀杏を結い、まわしを締めた戦う男の大きな姿には、口では言い表せない、〝粋さ〟が漂っています。ましてや、その頂点を極めた横綱の、しかも歴史に残る大横綱の特別な存在感と言ったら……。

「巨人、大鵬、卵焼き」という言葉をご存じでしょうか。

一九六〇年代、高度経済成長期の子供達の好きなものを表現した、当時の流行語です。新入幕の翌年に横綱に昇進し、幕内成績七百四十六勝など、数々の記録を残した伝説の横綱、大鵬さん。実は〝クラブ数寄屋橋〟のお客様でした。

〝クラブ数寄屋橋〟をこよなく愛してくださった大鵬さんは、場所中にも、よくお見えになられました。国民的大スターにもかかわらず、全く気負う風もなく、普通に髪を結い上げ、着流しで……。

ふらりとお越しになり、入り口のドアの上に手をかけて、「席ある?」とおっしゃる姿は、美しく格好良かった。お姿が目に入ると、私は急いで入口に走って行ったものです。

満員でお席をご用意できない時には、「待ってて、迎えに行きますから」と、知り合いのママの店で待っていてもらい、私がお迎えに行っておりました。

そんなある晩の事です。

お席をお取りし、お待ちいただいているお店にお迎えにいき、ご一緒に〝数寄屋橋〟へ向かってい

大鵬さん

る途中、通りすがりの人達から、「大鵬だ！」と歓声が上がりました。ほとんどの方は声援を送っていたのですが、中にはやっかみ者も。

「場所中だろ！　こんなところで飲み歩いてていいのか！」

「強いからといって！　舐めているのか！」

そんな、野次ともつかない罵声が飛んで来ました。

私は心配しながら、少しでも早く店へ辿り着こうと足を速めました。大鵬さんはきっと不快な思いをされているだろうと、心を痛めておりました。

その時、こうおっしゃったのです。

「ママ、心配することはない。私が銀座で飲まなくなったときは、土俵を降りるときだよ」

端正なお顔でさらりと……。

仕事柄、いろいろ素敵な方達にも数多くお逢いしていましたが、これほど男らしく、そして粋な言葉は、聞いたことがありませんでした。

もうひと方、粋な大横綱をご紹介しますね。

第五十二代横綱、北の富士さん。千代の富士さんを育てた親方としても有名な、とても人間味のある奥深い素敵な方なのです。

テレビなどでもお馴染みだと思いますが、普通の力士が優勝した時、座布団が飛びますよね。しかし、北の富士さんが優勝した時は、羽織が飛び交ったといわれています。羽織を飛ばすのは、花柳界の方たちに多いのですが、それほど、粋筋の人たちにもモテた方なのです。北の富士さんの他にその様な力士を私は存じません。

〝クラブ数寄屋橋〟が銀座七丁目に移ってからのことです。夜も更け、当時親方だった北の富士さんとお供の方をお送りしておりますと、すれ違う人達の中から、

「あっ、龍虎だ！」

大きな歓声が上がったのです。しかもその歓声はなかなかやまず、興奮しながら、北の富士さんのことを「龍虎」、「龍虎」と呼んで騒いでいらっしゃいました。

私は、内心ハラハラとしておりました。誰だって、他人と間違われていい気はしません。

ですが、北の富士さんは怒りもせず、平然と、

「『龍虎』みたいないい男ではありません。私は『北の富士』です」

と、にっこりと爽やかな笑顔を残し、その場を後にされたのです。

〝弱い犬ほど良く吠える〟という言葉がございます。また、年端もいかない子供達が集団で一人の弱者をイジメ、時に死に追いやってしまうようなこの時代にこそ、本当に強い殿方が持つ〝粋〟さに目を向けるべきだと思います。

本当に強い殿方は、決して威張らず、他人を虐げることをせず、むしろ周囲を包み込む様な優しさを湛えていらっしゃるものです。

そういう強い殿方の〝粋〟な姿に、うっとりと見とれない女などいるのでしょうか。

ご夫婦でいらっしゃる方

村上元三先生、宮城谷昌光先生、笹沢左保先生

銀座のクラブは、殿方が日々の仕事を忘れ、羽根を伸ばし、時として夜の社交場に使われるところ。私たちは、みなさんにリラックスしていただけるように心掛けています。

〝クラブ数寄屋橋〟は、奥様同伴の方も、会社経営者やスポーツ界、特に文壇の世界に多く、初めのころは、どのようにお話しすればよいのか戸惑うこともありました。そんな時は、私が初めて銀座のクラブに連れていかれて感じた事を思い出し、不愉快な気持ちになられないように、奥様にはナチュラルに対応いたしております。

私がかつて行ったクラブは、スポンサーの殿方のみを大切にし、連れていかれた私は、ジロッと見られただけで、相手にされませんでした。もちろん、そんな店ばかり

ではないと思いますが、たまたま、その時はそうだったのです。
今では、女性の方だけでお見えになられるケースも、多くなりました。

会社に勤めていらっしゃる方と違って、経営者や、特に作家のお仕事は、とても孤独だと思います。取材や打ち合わせの時間はあっても、執筆中は、独りで自分の原稿と向き合っていらっしゃるのです。家に仕事部屋があっても、そこに籠りきりで、奥様と顔を合わせる時間が少ないのではないでしょうか。奥様孝行の一つだと思いますが、一緒にお見えになられるのです。

中でも、印象に残っていますのは、村上元三先生でした。お一人のときはやんちゃが見えかくれする、お酒飲み。奥様と一緒にいらっしゃると、ご夫婦ともに、きりっとした佇まいで、役者さんのような小粋を感じさせる素敵なご夫婦でした。

「おしどり夫婦」という言葉を耳にする事がよくありますが、宮城谷昌光先生ご夫婦は、正にそのもの……。お会いする度にその思いを強くします。寄り添っているお姿がしごく自然体で、編集者の方から聞いた、奥様がとてもお料理上手というお話からも、根底には先生への思いやりを感じました。日々、口にする食事は、ある意味で生

村上元三先生は、青山学院在学中から執筆を始め、『上総風土記』で直木賞受賞。『佐々木小次郎』『加賀騒動』『源義経』など、主に歴史に材を取った大衆文学で活躍。直木賞の選考委員を30年以上務めました。

きる基本です。それを、きちんと先生に届けていらっしゃる。先生は素晴らしい作品という形で、お応えしていらっしゃる。

内田康夫先生ご夫婦も、素晴らしいカップルです。旧店のころは、お二人でお顔を出してくださいました。とても仲睦まじくて、私は羨望の眼差しでお迎えしていました。

こんなこともありました。笹沢左保先生が、二人の女性を伴っていらっしゃったのです。奥様は存じあげておりますが、もう一人は、当時先生と噂にのぼっていた、ご高名な方なのです。一瞬、頭が真っ白になり、お座りいただく順をどうするか、どうご用意するか、考えていたところ、さすが笹沢先生、サラリとリードされました。

まず奥様を上座に、先生と高名な女性は下座に腰を下ろし、二人の間にうちの女性を座らせました。私は奥様の横に。

自然に、奥様は高名な女性に気を使われ、その女性は奥様を立てながら、先生はその場の会話を楽しい方向へもっていかれる。私は、素晴らしい、と心の中で呟きました。笹沢先生は、見事にその場を仕切ってくださいました。

笹沢左保先生は、交通事故に遭い、療養中に執筆した『招かれざる客』が江戸川乱歩賞候補となりデビュー。「木枯し紋次郎」シリーズや「悪魔」シリーズなど多作を誇り、眠らないために立ったまま書いたというエピソードがあります。

豪放な印象を与えがちな笹沢先生ですが、実に優しい笑顔を見せる方でした。小説の大胆さとは反対に、繊細な心をおもちになられる。原稿を依頼されると、その枚数の原稿用紙の最後の行で必ず（終わり）にする、そんなこだわりをお持ちになった方だったと、編集者の方たちから聞きました。

素敵なご夫婦に心からの乾杯を。

笹沢左保先生

奥様の代役

早乙女 貢先生②

維新後に渡米した会津出身の女性を描いた、早乙女貢先生の小説『おけい』の出版記念パーティーが、一九七四年、日生劇場のあるビルで、華々しく開催されました。

その前日、私は先生からお電話をいただいておりました。

「ママ、紋付き着て来てくれる?」

「紋付きですか! 色紋付き? 黒紋付き?」

「正式の黒紋付きの方がいいなあ」

ちょっとだけ不思議に思いましたが、

「わかりました。じゃあ、開場前に行きます」

と、陽気にお返事を。

私は店の女性六~七名を連れ、約束通りの服装で会場へ参りました。すると、すでに打ち合わせをしていらっしゃった先生から、思いもよらない指示があったのです。

「ママ、ここで客を迎えてくれ」

先生は、ご自身の立ち位置の隣を指さして、そうおっしゃいました。

「先生、ここですか！　でも、ここは奥様がお立ちになる場でしょう？」

「いや、ママが立つんだよ。じゃ、頼むな」

驚く私を気にもせず、平気なお顔でそう言われ、詳しいお話をうかがう間もなく、段取りの相談を他の人達と始めてしまわれました。

五時五十分位になると、お客様達が入場されます。私は言われたとおり、その場所、つまり先生の横へ。そして二人で、お客様のお迎えを始めたのです。

来客者には顔見知りも多く、最初はぎこちなかったのですが、奥様の代役だと思うことで気がほぐれ、自然な笑顔でお迎えが出来るようになりました。ですが、この二人の取り合わせは、どう見たって不自然です。

「オッ、そういう関係だったのか！」

「今夜はママのためのパーティーなんですね！　おめでとうございます」

お客様からは、からかいの声が引きも切らず。

「いえ違うんです。実はこれこれしかじか」

説明は、どうしても、しどろもどろになりました。

そのパーティーから一週間くらいたったある日、先生の奥様から、私にお電話がありました。

「静香さんですね」

私は驚きと不安に駆られ、受話器を握りしめていました。

私は何も悪いことはしていません！　先生から頼まれただけなのです！

心の中では必死に言いわけをしているのですが、口からは言葉が出て来ません。

「ハイ、静香です。いつも大変お世話になっております」

やっと挨拶をした私に、

「いえいえ、こちらこそいろいろありがとうございます。これからもよろしくお願いいたしますね」

品が良くてお優しい奥様の言葉に、救われた気持ちになりました。

その後も、先生が賞をお取りになられた時、そしてある人の結婚式の時にも、私は奥様の代役のような立ち位置で、先生のお供をさせていただきました。ご挨拶の時も横に立たせられ、私にマイクが回ってくるのでは、とドキドキした事も数多くありました。

極めつけは、先生がミスコンテストの審査員をなさった時です。先生と私の席になんと「早乙女夫妻」というプレートが掲げられていたのです。一瞬、とまどいましたが、こんな機会はめったにないと思い、私も審査員になりすましました。審査が進むにつれ、面白かったのは、先生と私は選ぶ人がまったく違っていたことです。水着審査、ドレス審査、各人の特技披露まで見て、やっと先生と評価が一致した人がいたかと思えば、その娘は入賞できなかったり。私達、美的感覚ゼロだったのかしら?

そんなことがある度、奥様からはお電話で優しいお言葉をいただいておりました。結局最後まで、お声以外、一度もお姿を拝見したことはありませんでしたが、私の心の中には、いつも品良く微笑まれる美しい奥様のお顔が……。

早乙女貢先生は、ご自身の代表作『會津士魂』を地で生きた方でした。

いつもきりりとした着物姿で、お酒を飲まれるときも、背筋はぴんと伸びていました。作品世界と同様に、武士の所作を身に付けていらしたのでしょう。

二〇〇八年の「夏祭り」の時、毎年いらっしゃってくださる、先生の姿がありませんでした。その後もしばらく見えなかったので、心配になり、手紙を書きました。すると、すぐにお返事があり、「少々立て込んでいて申しわけない。今度、鎌倉の家へいらっしゃい」と書かれていました。

その年の暮れ、早乙女先生の訃報が届きました。お返事をいただいたころは、すでに闘病されていたのです。さらに、直前の六月には奥様を亡くされていたそうです。悲しみの中にあっても表には出さない、そんな姿勢を貫かれた。そのような事が起きていたとは、私に一切話されず、黙って逝かれました。

会津の士の清冽な魂を、身を以て示してくださいました。

昭和の画家〝四山〟

〝クラブ数寄屋橋〟には日展、院展、二科展ほか、画壇からも、たくさんの先生が足を運んでくださっておりました。

画壇といえば、風景画を趣味にしていらっしゃる、お客様の四津谷さんが、

「ママ、画壇の『三山』って知ってるかい?」

唐突な質問に、「何時代の?」とお聞きすると
「昭和に決まってるでしょう。平安時代とでも思ったのかい?」

笑っちゃいましたが、画壇のお客様の顔が浮かび、一瞬、頭が走馬燈のように。

四津谷さんが、名を挙げます。

「加山又造、高山辰雄、えーと、あと一人は……」

「東山魁夷先生」

「そうそう、さすがママだ」

私は心の中で（平山郁夫先生だってその資格があるのに）などと思っておりました。

加山又造さんの作品といえば、やっぱり、京都天龍寺の天井画。直径九メートルの円に描かれた、見る者全てを圧倒する巨大な雲龍図。その作成シーンを映像（「加山又造の世界」）で拝見したことがあります。

一面に広がる白い画板の上で、背丈より高い大きな筆と一体となり、静と動の乱舞を舞うかのようなお姿。筆から迸る美の奔流に、魂さえ飲み込まれるような錯覚。そして白い雲海の中から突如として現れる巨大な龍。

私は京都に出かけた時には、必ず天龍寺に立ち寄らせていただき、この天井画を拝見しています。そしていつも思うのです。もしかしたら加山先生は、人に龍を見せるためではなく、龍に人を睥睨《み》せるために描かれたのではないかしら、なんて。

「僕、加山先生が大好きでね」

「素敵な方ですよ。お洒落で、お優しくて」

「エエッ！　ママ、加山先生にお会いしたのですか？」

「ハイ、高山先生も東山先生にも」

「凄げえー」

「実は、高山先生とは面白いエピソードが……」

言いかけて、クスっと笑ってしまいました。

「聞かせてくれよ!」

「本当はとても失礼なことをしたんですよ!」

実は名古屋の万勝寺（織田信長の菩提寺。信長が父・信秀のお葬式の時、ご焼香の灰を掴んで位牌にまき散らしたシーンでも有名なお寺）の御前様が、〝数寄屋橋〟によくお見えになられ、親しくさせていただいておりました。その方は趣味も広く、若い芸術家達も、よく面倒を見ていらしたのです。その中の一人に「高山辰夫」という若い画家がいらっしゃったのです。御前様はよく、「辰っちゃんのこれからが楽しみで……」と口にされていましたので、私は思わず聞き返しました。

「辰っちゃんて、高山先生のこと?」

「そうだよ。『高山辰夫』だよ。良い絵を描くんだよ」

それから一年後のこと、万勝寺の行事にご招待を受けました。グリーン車のチケットをいただき、列車内ではしゃいでいましたら、後ろの座席に高山辰雄先生がいらっしゃったのです。間違いなく同じ行先だと思った私は、つかつかと先生のそばへ行って、呼びかけました。

「辰っちゃん！」

先生は、驚かれた様子で、

「いやあ、奇遇だねえ。ところでどこへ？」

「きっと辰っちゃんと同じところだと思いますよ」

〝辰っちゃん〟つながりで自信を持っていた私は、得意げに答えました。

「そうだと嬉しいねえ」

万勝寺に着き、奥様にご挨拶し会場へ。中央の方に目を向けますと、御前様が高山先生とにこやかに対話されていらっしゃったので、私は小走りで二人のそばへ。

「辰っちゃん！　やっぱり私の言ったこと当たったでしょう」

御前様は驚いた顔で、

「ママにかかったら、天下の先生も〝辰っちゃん〟ですか！　ハッハッハッ！」

お笑いになるお二人。

（エエッ！　ハルオちゃん（御前様のこと）が〝辰っちゃん〟って言ってたんじゃない！

それを真似ただけよ！）

と私は心の中で。でも、笑っていらっしゃるからいいか。

宴会の終わりの頃、御前様から若い僧を紹介されました。

「彼が将来楽しみな『高山辰夫』画家だよ」

しまったー。この人が〝辰っちゃん〟だったんだあ！　私はとんでもない勘違いをしていました。でも気付いた時には時すでに遅し。しかし、口外はしませんでした。だってニコニコしていらっしゃったんですもの！　これからも先生のことを、〝辰っちゃん〟と呼ぼうと決心した瞬間でもありました。


つい、四津谷さんの言葉に乗せられて、延々とおしゃべりをしてしまいました。

四津谷さんが、「東山先生って、どんな人でしたあ？」

「特別、知っているという方ではないのです。義理の弟さんでいらっしゃる川崎春彦先生に、一度お会いしたいと常々お願いしていたので、お連れして下さったのです。小柄で気品がある気高い感じがしたという印象が、今でも残っています」

そういえば、東山先生の風景画には、なぜか白い馬が描かれています。あれは、どういう意味なのでしょうか。自由な、なにものにも囚われないような、そして、なにものにも染まっていないような、あの純白の馬。あれは、先生の心の祈りなのでしょうか。なぜ、一頭なのか。一度、直接聞いて見たかった。

「凄げぇー！　参ったなあ。その写真見たいよ。ママ、頼むよ」

「わかりました。探してみます」

その場を立とうとしたところ、四津谷さんが、

「ママ、三山には入れなかったが、まさか平山郁夫先生には会っていないよな？」

その質問に、待ってましたとばかりに、ついつい余計なことまで。

「いつ頃でしたかしら、毎日新聞社から売り出された、平山先生のリトグラフを手に入れたんです。そのせいで、商いをやっていながら、よからぬ思いが頭をもたげてしまったんです。『先生がお見えになられたとき、サインしていただこう。先生のサインが入れば、価値が数十倍にハネ上がる』なんて。ところが、それ以来、先生は一度もお店にいらっしゃいませんでした。私の邪心が見抜かれたのかしら……」

そう、しんみりしゃべっていたら、四津谷さんは興奮気味に、

「いやあ、それが原因だとは思えませんよ。芸大の学長でもあるし、世界的に忙しくなってらっしゃるでしょう。それにしても、ママは凄いなあ！」

慰めて下さってありがとうございます。

ちょっとの間でも、よからぬ邪心を持って、平山先生！　ゴメンナサーイ！

装丁への挑戦

森村誠一先生①

「母さん、僕の麦わら帽子何処へ行ったんでしょうね……」

日本を代表する偉大な現役作家、森村誠一先生の代表作の一つ『人間の証明』は、一九七七年に日本中に社会現象を巻き起こしました。制作された映画も大ヒットし、人間の証明のテーマのメロディーがいたるところに流れました。また『悪魔の飽食』では、太平洋戦争の影の部分を社会に訴え、大きな反響を呼びました。

実は先生は、才ある人を見つけて世に送り出す名人でもいらっしゃいます。数多くの新鋭作家が、先生のもとからデビューされているとうかがっています。何を隠そう、私も先生にご指導いただいた者の一人です。

一九七六年からの約十年間、三十数冊の装丁をさせていただいておりましたが、そのきっかけを作って下さったのが森村先生だったのです。
二十三、四歳の頃、画廊の永井社長から、「七星会」という、素人ばかりの展覧会に出展してくれないか、という依頼をいただいたことがあります。学生時代は絵が好きで、多少は描いていたのですが、それ以来筆をとっていなかった私は、どうしたものかと迷いました。森村先生に相談したところ、「是非挑戦しなさい」と背中を押して下さったのです。
私は、決して絵が上手いわけではありません。考えに考えた結果、自分でなければ描けない絵を描くことにしました。

自分が好きな木と鳥と葉をイメージし、思いのままに線を引く。心の中にある風景を表現することにしたのです。

完成した絵を額装してみると、まあまあの出来になりました。断られるのを覚悟で、永井社長にお渡ししましたところ、「面白い」とおっしゃって、三作も出展させていただきました。結果、作品は飛ぶように売れました。実はお客様の『義理買い』だったのですが……。

そのことをお伝えすると、先生はさらなる挑戦の機会を下さったのです。

「次は装丁をやってみるかい？」

私はたじろぎました。なにしろ装丁は、その出来不出来が、本の売れ行きにも影響してしまう〝本の顔〟です。優秀なプロたちが鎬を削る厳しい世界で、とても私などが入り込める場所ではないのです。それに第一、私に装丁の仕事をさせて下さる方などいるわけがありません。

そのように先生に伝えますと、

「じゃあ、僕の今度の作品の装丁をやったら？」

サラリとおっしゃられたのです。

「本当ですか？」

思わず耳を疑いました。でも、飛び上がるほど嬉しかったことを、今でも覚えています。

それから二週間も経たないうちに、後に実業之日本社の社長になられた編集者Mさんから、私に電話が入りました。『砂の碑銘』の装丁についての正式な依頼でした。

ところが、いざお話が本格化すると、制作期間が二十日間しかないということや、自分の装丁が先生にご迷惑をかけてしまうのではないかというプレッシャーに襲われ、不安が頭をもたげてきました。

その時、先生はこう教えて下さったのです。

「上手に描こうと思わなくてもいい。キミの描きたいと思うものを描けば、それでいいんだよ」

不思議なことに、その言葉を聞いた途端、恐怖はどこかに消え去り、代わりに煮えたぎるマグマのような情熱が、急に心の奥底から沸き上がったのです。

(よし、自分の持っている力を全部ぶつけてみよう!)

その時の絵は、今見ても決して素晴らしいとは思えませんが、一生懸命さだけは出せているつもりです。


その後も、他の先生方に甘えさせていただき、何作かの装丁をさせていただきました。そして、森村先生の装丁で二作目となる『異型の白昼』で、何と日本作家クラブ賞を受賞させていただくことになったのです。

第三章

優しい〝夜《よ》舞《まい》言《ごと》〟

〝天才〟たちとの不思議な思い出

世の中には、誰しもが〝天才〟と認める、いえ〝天才〟としか表現出来ない方が、ごく稀にではありますが、間違いなく存在しています。

私は〝クラブ数寄屋橋〟のママであったお陰で、そんな方々との数多くの出会い、そして楽しい時間をいただいてまいりました。

そういう方々は普段は素敵な紳士でいらっしゃるのですが、極たまに、とても不思議なことをおっしゃったり、常人では考えつかないユニークな行動をされる時があるのです。普通とは違うのにどこか憎めないお姿。何ものにも囚われない心、自由な心を抱いているように思えます。

「天才と狂気は紙一重」

と言われます。もちろんそれはただの慣用句。あくまでも他人が外側から見た感想であって、実際の中身は月とスッポンどころでない差があると思います。なぜなら、〝不思議な行動〟だけでは〝天才〟とは言えず、エジソンが言うようにそれにプラスした『九九％の努力』が必要だからです。強靭な意志と絶え間ない努力が、天才を天才たらしめているのです。ただそれを当のご本人はそれを努力だと感じていないことが多いみたいですけれども……。

大蛸との格闘

黒岩重吾先生②

黒岩重吾先生がお見えになると夜が白々と明ける時間までお店にいらっしゃるということも、めずらしくはありませんでした。

そんな時、先生は必ずといってよいほど、「腹減っただろう、女将（先生は私のことを最期まで女将と呼びました）、寿司か何か、好きな物を取ってやってくれ」と、一緒にいる相手の方や、店の女性たちにまで、気を遣われる優しさをお持ちでした。

また、先生は人に無理強いをすることはほとんどなく、私が何かの用事で先に帰らせていただく時でも、店に残るようおっしゃることは一度もありませんでした。先生の耳元で、「コレコレシカジカで私は帰りますが、ごゆっくり」と申しますと、ニヤッと笑われ、「わかった」と一言だけ。

一方で黒岩先生は、とても厳しい一面もお持ちでした。私が筋の通らないことや、失礼なことをしてしまった時には、怒鳴られることもありました。

片方の足をちょっと引きずって、階段をのぼられる姿を見て、身体を支えようと手を差し出したとたん、「無礼者！」と手を振り払われました。

でもその後で、先生は私にこう教えて下さったのです。

「これは、私が海底深く潜った時に、大蛸と遭遇して格闘した後遺症《あと》だ！」

先生がマリンスポーツをされていることは有名です。私はその言葉をずっと信じておりました。

数年前、先生と親しかった編集者の方に、お聞きしたところ、

「大蛸？　そんなバカな……。先生は昔、悪い物を食べたことが原因で、小児麻痺を患ったことがあるから、その後遺症で、片足を引き摺られるようになったのだと思うよ」

という答えが返ってきました。

黒岩先生は、きっと余計な心配をさせないように、あんなことをおっしゃたんですよね？　まさか私が、その言葉を何十年も信じ続けるとは、思われなかったでしょう。

〝火の鳥〟になった〝神様〟

手塚治虫先生

〝クラブ数寄屋橋〟をこよなく愛して下さった、手塚治虫先生。

当時のマンガ界は四コママンガが主流で、ご三家と呼ばれていた、横山隆一先生、杉浦幸雄先生、近藤日出造先生を中心に、若手の小島功先生、加藤芳郎先生などで形成されている、『漫画集団』という大きな団体があり、手塚先生、赤塚不二夫先生は、さらに若手のほうでした。手塚先生との出会いは、箱根の環翠楼《かんすいろう》で催された忘年会だったのです。

宴席で披露した私の踊りを気に入って下さり、以来、大変親しくさせていただきました。〝親しい〟といっても、いわゆる男と女の関係とは全く違う、とても不思議な素晴らしいかかわりだったと思います。

芸事もお好きな手塚先生は、〝クラブ数寄屋橋〟で年に二回開催する、「祭り」にも必ずといっていいほど、足を運んで下さいました。

先生は私の『女踊り』より、女が男役を演る『男踊り』の方がお好きだったようです。どういうわけか、それが人づてに伝わり、「ママは、姫が王子に変身する『リボンの騎士』のサファイア王子のモデルなんだって?」と、真剣に聞かれたこともありました。

「違います! あのマンガは私の子供のころからあって、私自身が大ファンだったんですよ!」

先生は、私が作詞作曲した歌を唄いますと、とても大袈裟に褒めて下さいました。

「キミはあの国民的女性歌手よりも歌がうまいね」

いつも、真顔でおっしゃるのです。日本中にいる、その女性歌手のファンに聞かれたら、怒られるお話です。

なにしろ、私は母から、

「静香は人前で踊るのは良か。歌はいかん。アンタはオンチだけん!」

と、常に言われていたのです。

　そしてそれが、私が作詞作曲を手がけた動機になったのです。オリジナルなら、上手いか下手か分かりません。もちろん、上手くなるために、多少のレッスンはいたしました。それでも、先生の褒め方は、嬉しいですが、恥ずかしくもありました。

　ここで手塚先生が好きだった、私の作った歌を……。魚の名前で作詞した恋の歌です。

フィッシング

〈3番〉
眠気ナマコで目がサメた時
イクラハマチと聞いちゃった
ニジマス涙
目クジラ立ててシジミこみつつフグちょうちん
シラウオ切ってもシラウオ切ってもタチウオおうじょう

ヒトデなしヒトデなし

こんなコミカルな歌や、これとは全く違うテンポのシックな歌など、数十曲を作り、祭りの日に、店で披露しておりました。

手塚治虫先生

あるとき、常連のお客様方の間で、これをアルバムにしようじゃないか、という話が盛り上がったのです。手塚先生が代表として名乗り出て、総合プロデュースをして下さいました。一九八七年に限定二千枚で、プレスされ、先生のお力ぞえで、ＬＰ『静一人』が誕生したのです。

二〇一七年二月に出版された『定本　オサムシに伝えて』の巻末特別対談で、手塚先生のご長女・るみ子さんとお話させていただいたときに、初めて分かったのですが、先生がレコードの総合プロデュースをされたのは、後にも先にもこの一度だけだったそうです。

手塚先生が総合プロデュースしたLP『静一人』

レコード完成のパーティーは、帝国ホテルの光の間に、八百人以上の方がお越しになり開催させていただいたのですが、作家、経済界、音楽界を含む発起人を、「言い出しっぺのみんな」、招待状並びに裏にも、「みんなの一人、手塚治虫」とだけ、書かれていました。

さらに、パーティーの当日、とても不思議なことが起こったのです。

準備の段階でパーティーの会費を百ドルにしようと決めて、お伝えしていたのですが、前日百三十二円のドルが、なんと当日百五十二円に急騰したのです。参加者からは、「さすがに主催者が神様だと、こんなことも起こるのか」と溜息交じりの賞賛が……。

不思議な関係の極めつけは、私が手塚先生と交わした、ある約束です。

実は私は手塚先生に宇宙船に乗せてもらう約束をして

いるのです。

ＬＰ『静一人』が完成する三ヶ月ほど前のことです。打ち合わせのため、開店前の〝クラブ数寄屋橋〟で先生と待ち合わせたのですが、約束の時間になっても一向に現れる気配がありません。三十分たってもお見えにならないので、不安に駆られましたが、気を取り直して、一人で書き物に夢中になっていると、背後にふと人の気配がします。びっくりして振り返ると、手塚先生がニコニコしながら立っていらしたのです。

「先生、何やってたのよォ！」

と、私がつい大きな声をだすと、

「ごめん、ごめん。実は宇宙船に乗ってきたんだよ。そこで、宇宙人とお茶を飲んでたんでね、つい遅くなっちゃった……」

と、おっしゃるのです。

「えー、宇宙船！　わあっ、私も連れて行って欲しいわァ！」

するとと先生は、笑いながら約束して下さったのです。

「うんうん、今度連れて行ってあげるよ」

『定本 オサムシに伝えて』
著：手塚るみ子さん
立東舎

荒唐無稽と思われるでしょうが、私は何のためらいもなくその話を信じましたし、今も信じています。後年、その話をある著名なマンガ家の先生にお話ししたら、一笑に付されました。

〝マンガの神様〟、手塚治虫先生。

手塚先生が日本のマンガやアニメーション、いえ、世界の文化に遺して下さった功績の偉大さは、今さら、私が書かせていただくまでもございません。

手塚先生が作られた数々の名作は、その後の日本の作品の原点となり、手塚先生を尊敬し、その後に続いた数え切れない若者が、世界に愛される日本のマンガやアニメを発展させていったのです。それだけではありません。「鉄腕アトム」をはじめとする作品で少年少女に与えた夢が、日本が『技術立国』となるための大きな原動力になったのだと、私は思っています。

〝神様〟というと、雲の上に立っている白い髭を生やしたおじいさんが下界をのんびり眺めているイメージを持つ人も多いと思います。

手塚先生は、そんな〝神様〟ではありません。常に自分自身を情熱の劫火の中に投げ込む、〝火の鳥〟のような神様でした。

先生は、あれだけの地位にいながら、自分に続く若い作家達を、上から見下ろすことは決してなさいませんでした。ご自身が遙かに格上でも、ライバルと考え、ご自身の技を磨き続けていらしたように思います。時には、後進に「ジェラシーすら感じる」との発言もされていたほどです。敢えて、その言葉を口にできるからこそ、〝格上〟なのだと思います。

先生は、決して完全無欠の悠々とした存在ではなく、天才でありながら、誰よりも悩み、苦しみ、努力を続け、最期の最期、病床の上でまで、創作への情熱を燃やし続けられたのです。だからこそ、手塚先生は〝神様〟なのだと思います。

先生のライフワークである〝火の鳥〟。その各編に登場する主人公たちは皆、非情ともいえる困難な運命に逆らいながら、愛する者のために戦い続けます。苦労し、時に過ちを犯し、それでも生命を燃やし続ける人生の、その最期の瞬間に、火の鳥が彼らを迎え入れ、彼らはその中で、愛する者との再会を果たすのです。

人は神ではありません。でも、人に〝神性〟が宿るとしたら、それは一体どんな生き方でしょうか？　手塚先生は、火の鳥でそのことを描いていらっしゃるような気がして、しかたがありません。

先生の作品には不滅の輝きがあります。手塚先生をして『マンガの神様』たらしめるのは、作品の偉大さや功績以上に、その情熱で魂を焼くような生き方をなさったからではないのでしょうか。そんな気がいたします。

先生は、いつの日か、私を宇宙船で迎えに来て下さるでしょう。だって、先生は約束を破る方ではありませんから。

クラブ数寄屋橋には今も、手塚先生のボトルが置いてあります

〝ゴルゴ13〟とのデュエット
さいとうたかを先生

日本、いえ世界の『ゴルゴ13』の生みの親、さいとうたかを先生。劇画というジャンルを作り上げ、今でも斯界のドンとして、精力的な執筆活動を続けていらっしゃいます。

先生は、〝クラブ数寄屋橋〟オープン当初から、ちばてつや先生、石ノ森章太郎先生をはじめとするマンガ家の方と、週に二回、多い時には三回、お越しになられていました。お仕事が大変忙しい方達でいらっしゃいましたが、お遊びにも忙しくされていたのです。

当時は高度成長期で、さまざまなジャンルのパーティー、イベントが、数多くありました。日本作家クラブが主催した日比谷公会堂での『ワイワイ祭り』は、先生方が、歌、踊り、物まねなどを披露され、テレビ東京で一時間番組として放映されました。司会進行を松島トモ子ちゃん、石ノ森章太郎先生は『矢切の渡し』をウチのルミちゃんの踊りをバックに、西村京太郎先生は『さざんかの宿』、さいとうたかを先生は『お駒恋姿』をウチの真澄ちゃんの踊りに合わせて歌われたのですが、あまりのお上手さに聞き惚れてしまいました。まだ若かった私は、いつか先生とデュエットしたいと、単純に思い続けたのです。

それから数年後、手塚治虫先生に総合プロデューサーをしていただいたLP『静一人』で、その願いが叶ったのです。

さいとうたかを先生とのデュエットをLPに収録させて下さいだなんて、私が頼んでも絶対ダメに決まっていると思い、手塚先生に無理を言いました。

「先生お願いします。さいとうたかを先生と『くせ』、この歌をデュエットしたいの！頼んでください」

「さいとうたかをさんですね。わかりました。お願いしてみましょう」

手塚先生は、こころよく引き受けてくださいました。

後で聞いたところ、さいとう先生は、ディズニーランドで大勢人がいらっしゃる中、手塚先生に頼まれたそうなんです。

「手塚さんから頼まれたから引き受けたよ。ママ、頼み方が上手いな。で、レコーディングはいつするんだ？」

「明後日です」

「何だって？　そんなに早いのか？　曲も何も分からないんだよ」

「ここに全部用意してあります。明後日店に来て！　お願いします」

「わかった、わかった。しらふではできないから、酔いが回ってから、スタジオに入るか」

さいとう先生は、カッコイイ笑顔でおっしゃいました。


当日、いえ当夜は、真夜中の一時頃までお酒を飲み、女性スタッフと男性スタッフがさいとう先生について、アバコスタジオに。

〝金魚鉢〟（スタジオ）に入ると、ＰＡの方から、

「先生、本番前リハーサルで一、二回行きまーす」

私は先生が間違ったらいけないと思い、〝金魚鉢〟の中に手伝いに入りました。伴奏が流れ、先生が一回目を歌いますと、そばで、

「キャー！　ステキ！」

二回目の音が流れても、

「カッコイイ！」

と、歓声をあげていました。

すると、ガラス越しにPAの人たちが、なにかしゃべりながら笑っています。私は、よくできているんだなあ、と勝手に思いVサインを。みなさんは、またいっせいに笑い出して……。

そうか、私がVサインを出すのが嬉しいんだ、と思っていたら、ワタナベプロの川口さんが録音室に入って来られ、

「ママ、ちょっと……」

と、連れ出されました。弟からも「姉ちゃん、ここに座っときなっせ」と、PA室の隅のソファーに座らせられました。

録音室の中に入ろうとすると、弟が着物を引っ張るし、どうして入っていけないのか分からないまま、さいとう先生の出番の『くせ』、『愛の地図』の録音は、ダメ出しもなく見事に終了したのです。

さいとうたかを先生

後で知ったのですが、〝リハーサル〟とは、気を楽にさせるために言っているだけで、本番と一緒の意味だったそうなんです。それを知らない私が、そばで声を入れるものですから、せっかくの収録がダメになる。みなさん、「またママが邪魔をした」と笑っていたとか。そのことを弟から聞いたときは、顔から火が出るほど恥ずかしかった。

後日私のパートは、手塚先生と一緒に録音室に入り、無事収録を終わらせました。出来上がったデュエット曲『くせ』は見事な作品に。さいとう先生のお声の艶、張り、色っぽさと言ったら、口では言い表せません。

私は本当に幸せ者です。さいとうたかを先生の生の声の入った、世界に二つとないLPを持っているのです。その中の『くせ』を流せば、三分間だけ、〝ゴルゴ13〟と恋人関係になれるんですから……。

皆様にも聴いていただきたい曲です。

先生、本当にありがとうございました。もうご無理はお頼みしませんから、許して下さい。

私に似合う化粧

水木しげる先生

「あまり銀座には行かないんだよ」とおっしゃっていらした、水木しげる先生。

K社のパーティーでお会いし、話が弾み、そのまま出版社の方とご一緒に〝クラブ数寄屋橋〟にお越しいただきました。それがきっかけとなり、時々ですが、店にお寄りいただくようになったのです。

先生とお話していますと、回りがパーッと明るく、楽しくなります。なんともいえない魅力をお持ちの方で、私もウチの女性たちも、いらっしゃるのを楽しみにしておりました。もちろん、皆、先生の作品のファンでもあります。

「ママ、お電話です」

出ますと、水木先生でした。

「どうなさったんですか？　先生」

「今、銀座にいて、これから店へ行こうと思うんだけど、分からなくなって……」

「お一人ですか？」

「そうなんだよ。誰か迎えに来てくれないかなあ」

いらっしゃる場所を確認して、

「先生、そこにいて下さい。すぐに店長が迎えにうかがいますから」

その日は、珍しくお一人でした。先生はとてもご機嫌でいらっしゃって、

「近いうちにパーティーがあるんだ。デーモン小暮も来るよ」

と教えて下さいました。

「ワァー、私も行きたいなあ！　奥様もいらっしゃるんでしょう？　お会いしたいし、お手伝いさせて下さい！」

女の子達も、「私も行きたーい！」とせがみます。

「いいだろう。来月だよ」

そんな楽しいお話をしていたら、急に、先生が私の顔をまじまじと見つめられたのです。そして、おもむろに、

左から3人目に水木しげる先生

「ママは顔全体を真っ白に塗り、眉を半分に剃り、赤い口紅でおちょぼ口にするといい。すごく似合うと思う」

「え？」

一瞬、ドキッとしました。女というものは、〝似合う〟と言われると、どうしたって嬉しさを隠せないものなのです。でも、よく考えてみると、そんなお化粧の仕方は聞いたことがありません。まるで平安時代のお公家さんです。

「あの……、先生はそういうお化粧がお好きなんですか？」

私が不思議そうに聞くと、

「うん。そうすると美しい妖怪になるよ」

キョトンとする私とは反対に、先生のお顔は真剣でした。

（私は美しい妖怪？）

複雑な気持ちになりました。

ずいぶんと後になってから知ったのですが、先生は、『妖怪と妖精はおなじもの』と常々おっしゃられていたそうです。

それなら、あの時の言葉は褒め言葉だったのでしょう。

一度、本当に〝お公家さんメイク〟をしてみようかしら。今でも、そんな思いに駆られることがあります。

筆を持った粋な〝流浪人〟

岩田専太郎先生

美人画を描かせたら、天下に右に出るもののいない、類い稀な画家、岩田専太郎先生は、小柄で着流し姿がよく似合う、粋さを持った方でした。

当時の挿絵画家第一人者で、そのうえ、お顔は歌舞伎役者のように品が良く、姿も持ち物一つとっても粋。常に、信玄袋、和タオル、懐紙を持ち歩く。そして何より女性に優しい。これで女性にモテないわけがありません。

しかも先生は、たとえ奥様がいらっしゃっても、惚れ込んだら相手に一途になる、ひたむきな性格です。燃え上がる恋の炎に身を任せ、数々の〝不倫〟を遍歴されたことは、必然だったのではないでしょうか。

ただ、先生が並の男性と違うところは、ご自身が〝裏切った〟妻に対して、精一杯の誠意と優しさを示されたことです。なんと先生は、離婚をされた時はいつも、置き去りにする〝元妻〟に全ての財産を残し、ご自身は筆一本だけを持って、身体一つで流浪人のように家を出てしまわれるのです。有名な銀座のママとの恋も、その後の恋も、またその後の恋でも、別れ際の男らしさは見事だったと聞いております。

私が初めてお逢いした頃には、先生はもうかなり、お齢を重ねておられました。ですが、整ったお顔立ち、颯爽としたお姿、そしてプレイボーイぶりは健在でした。

先生は、初対面だというのに、私のほつれ毛に手を当てながら、

「私がもう少し若かったら君と……」

などと、優しく耳元で囁かれるのです。なんともいえない、ほのかな色香に包まれるような心地よさは、その場にいなければ理解できないと思います。

舞い上がってしまった私は、雲の上を歩くような気持ちで席を立ち、隣のお客様のボックスへ。しばらくの間は、〝心ここに在らず〟といった状態で接客をしておりました。その席のお客様には、大変失礼をしていたと反省しています。

ところが——です。しばらくすると、私の背中の方から、先ほどと同じ台詞が聞こえてくるではありませんか。何と岩田先生は、ウチのチイママにも、同じ事を囁いて

いらっしゃったのです。

（流石はプレイボーイ……）

舞い上がっていた気持ちは、一気に冷めてしまいました。

〝この人〟と思ったら、すぐに行動をとられる、移り気な方でいらっしゃるのは、存じ上げておりましたが、私に殺し文句を囁いてから、わずか十分後に、別の娘に〝手を出す〟なんて！　ヒドすぎる！

というのは冗談で、残念なことに、先生は〝クラブ数寄屋橋〟では、単に言葉遊びを楽しんでいらっしゃるだけだったんです。

そんな粋な岩田先生と、楽しい時間を過ごせた私は、幸せ者です。

しかし先生――、先生はなぜ、マネキンの足に美人画を描いて私に下さったのでしょうか？

着物の一番似合う作家は誰?

池波正太郎先生

森鷗外の頃から、作家の服装といえば粋な着流し。昼は世の中の喧噪を離れた書斎でペンを走らせ、夕暮れ時には気ままに街を散策する。そんなイメージをお持ちの方も多いのではないでしょうか。

昨今、そのようなスタイルは少数派になったとはいえ、北方謙三先生、浅田次郎先生をはじめ、普段からお着物を好まれる方がたくさんいらっしゃいます。作家の先生方が、お着物で〝クラブ数寄屋橋〟にお立ち寄りになる時には、格別の趣がお店全体に漂う気がいたします。

昭和の時代、現在より遥かに多くの先生方が、お着物で銀座の街に繰り出されていらっしゃいました。代表格は、村上元三先生、岩田専太郎先生、早乙女貢先生、尾崎秀樹先生、渡辺淳一先生……。その中で、絶対に忘れてはいけない方がお一人いらっしゃいます。そうです、池波正太郎先生です。

『鬼平犯科帳』、『仕掛人・藤枝梅安』、『剣客商売』など、色褪せることのない名作中の名作を遺した国民的大作家、池波先生。

先生が美食家でいらっしゃることは、あまりにも有名ですが、並の食通と違うところは、単に華美なものや、豪華なものに惑わされることなく、ご自身の感性で〝本物〟を見分けていらっしゃったことだと思います。

移転前の〝クラブ数寄屋〟の近所に、池波先生がこよなく愛された「井上」という歴史ある料理屋があります。

大物政治家はじめ、数々の著名人たちが通った名店でしたが、決して派手でなく、むしろ地味という表現がピッタリくるようなしもた屋でした。

店の左脇には、小さなお墓がありました。昔、店に棲みついていた、アイドル的存在の、大きな瞳をした器量の良い、飛べないカラスのお墓です。

「井上」のお母さんはとても優しい人で、店の看板の上で死にそうな怪我をしていた

池波正太郎先生は、戦後を代表する時代・歴史小説作家。『鬼平犯科帳』『剣客商売』『仕掛人・藤枝梅安』は現在でも人気を博しています。『錯乱』で直木賞受賞。食通、映画通としても知られ、エッセイも数多く遺しています。

カラスを見つけ、看病してあげたのです。

その心が届いたのか、飛ぶことこそできずとも、みるみるうちに元気になり、そのままそこにいついて、たちまち近所の人気者になったのです。とても人に懐いていたカラスで、近所の人達やウチの女性達も、よくそのコの頭をなでてあげていました。

ところがある晩、心ない通りすがりの方にたたかれて、死んでしまったのです。「井上」のお母さんはショックのあまり、二、三日立ち上がることができないほどだったのですが、カラスのために小さなお墓を立ててやり、毎日お花を供えていました。

池波先生はその店をお好きだったようで、一ヶ月に一度、土曜日に開かれる、とある会合は、いつもそこで開いておられました。その帰りには、ふらりと、〝クラブ数寄屋橋〟にもお立ち寄り下さいました。

先生はきっと、「井上」のお母さんの優しさも含めて、〝本物〟としての価値を認められていらっしゃったのでしょう。そんな気がいたします。

そのような池波正太郎先生ですから、お着物へのこだわりも、半端ではありませんでした。

「同じ着物でも、着方によって職業や生き様までをも表現できる」

先生が私に教えてくださった言葉です。

日本を代表する時代・歴史小説家である先生は、当然ながら、女性の着物にもお詳しく、色々とご指導をいただきました。着物の着方、着こなし、襟、色模様、先生から授かった知識は、今でもありがたく活用させていただいております。

芸妓が裾を引く時には、裾にふきを入れた特別仕立ての着物を用意します。床に蝶のように広がっている裾と身の丈を、バランス良く見せるため、腰からつま先にかけて目一杯巻き込んで着ると、きりっと締まり、袖引きが美しくなる。池波先生に教わった着こなし術の一つです。


そんな池波先生が、同業の先生方の着物の着方を、論評されたことがあります。

たとえば、私がカッコイイ着方をされていると感じていた早乙女先生については、

「素足に雪駄。あれは任侠の着方だよ」

(実際の早乙女先生は、その場に応じて、着流しと正式な着方を見事に使い分けられる方でした)

尾崎秀樹先生の着物姿を評して、

「尾崎さんの着方は、大店の旦那の着方だ」

私は思わず、

「先生はなんの着方なの？」

と質問してしまいました。すると即座に、

「俺のは武士の着方だよ」

なるほど、男性にも、着物の着方はいろいろあるんだなあ、と思いました。

さて、結局のところ、一番お着物の似合う作家は、どなただったのでしょうか？

私個人としては、あれこれ思うこともあるのですが、それはこの場では申し上げないことにいたします。ただ一つ、ここでご紹介した先生方の着物姿を、すべて拝見していた私から断言できますのは、皆さまそれぞれに、粋で知性に溢れた素敵なお姿でいらっしゃったということなのです。

〝顔師〟の差し入れ

平岩弓枝先生

『御宿かわせみ』シリーズ、『はやぶさ新八』シリーズなど、数々の大ヒット作を世に送り出した、時代小説の大御所でいらっしゃる平岩弓枝先生。私は先生のことを、〝お姉ちゃま〟とお呼びし、甘えさせていただきました。妹のように可愛がっていただいたと、勝手に思っております。

〝お姉ちゃま〟は、日本舞踊の〝お名取さん〟でもあり、あの『文士劇』にお出になられた時でも、それは見事な身のこなし、台詞回しでした。〝お姉ちゃま〟の出番の時は、勉強のため、舞台の袖に立ったものです。日本文藝家協会のパーティーでは、舞台の担当兼監督をしておられた時期がありました。品の良い出し物ばかりで、私はいつも楽しみにしておりました。

小説執筆は当たり前、舞台、テレビ、映画と大活躍された〝お姉ちゃま〟は、その関係の方々を、よく〝クラブ数寄屋橋〟へお連れ下さいました。ゲネプロ（通し稽古）なのか、本番なのかは分かりませんが、舞台の後に大勢の方とお立ち寄りになられますと、それぞれに的確なアドバイス。

そんな時、芸事の好きな私は、聞き漏らさないように耳をそば立て、〝お姉ちゃま〟のそばから離れませんでした。

そして〝お姉ちゃま〟は、こんな嬉しい言葉を下さいました。

「ママが舞台で踊るときは、私が〝顔師〟を連れて行くからね」

〝顔師〟というのは舞台のメイクのプロの事です。

〝クラブ数寄屋橋〟の夏、冬の〝祭り〟という、日本一小さな舞台では、〝顔師〟のお世話になる機会はありませんでした。ですが、〝お姉ちゃま〟がお話しされていた言葉の一つ一つが、私自身の踊りの艶、身のこなしに、すごく役に立っています。

最近では、パーティーにもあまりお見えにならず、年に数回しかお顔を見ることができず、淋しいです。でも、新聞、その他で先生のご活躍を目にしますと、〝お姉ちゃま〟にお会いしたようで、嬉しさが身を包みます。

優しいご先祖談義

近衛忠《ただ》煇《てる》さん

現日本赤十字社社長の近衛忠煇さん。北条誠先生が〝クラブ数寄屋橋〟にお連れになったのが最初です。その頃は天皇家の甯子《やすこ》様とご婚約中で、いつも週刊誌に追いかけられていらっしゃいました。私は、近衛ご夫婦の会に、北条誠先生と出席させていただいたこともございます。それ以降、お兄様でいらっしゃる細川護煕元首相とご来店されたことも数多くありました。

その近衛さんとはちょっと恥ずかしいエピソードがあります。

私は小さい頃から母親に、家の先祖は細川藩の剣の指南役だと教えられていたのです。近衛さんが店においでになられ、話が盛り上がっているとき、ふと、その母との会話を思い出し、割り込むようにして、得意げにしゃべってしまったのです。

「ねえねえ、私の先祖は、お宅の指南役だったんですって！」

嬉しそうに驚かれた様子の近衛さんは、

「□□家ですか？」

「いえ、違います」

「あ、じゃあ、△△家ですね」

私は首を振りました。

それから十ぐらい、指南役に関連する家臣の姓をあげられたのです。でも、どれも違います。

腑に落ちないまま、私が首を傾げていると、

「まあ、大勢いますからね」

と、おっしゃいました。さすが、お殿様の末裔です。お優しい心遣いに救われました。

そこで会話は終わったのですが、翌朝、たまたま上京していた祖母に尋ねてみました。

「ねえ、おばあちゃん。ウチの先祖って、細川家の指南役だったんだよねえ？」

祖母は驚いたように黙り込んでしまったのです。

返事に困っている様子だったので、その日は出版社のパーティーの用意もあり、祖母の姿を見ながら自分の部屋へ。すると母親の部屋から、祖母が母を諭すような低い

声が聞こえてきました。

「あんたは何ということを子供に教えとったと。静香は昨晩、熊本のお殿様にウチの先祖が細川家の指南役だったと言ったらしかとばい。子供に嘘ば、教えちゃいかんたい。あん子にどう答えて良かつか、返答に困ったつばい」

「だって母ちゃん、指南役だったんでしょうが」

「ウチは町道場の指南役だったつばい。細川家の指南役なんて、あんたにそぎゃんこつば、一度も教えたことはなか」

「それはそうばってん、私も母親の見栄で……。まさか静香が、そぎゃん偉か人に会うとは思わんだったもん」

「ばってん、子供に嘘ば教えちゃいかん」

母は祖母にたしなめられていました。

知ってしまった驚愕の事実。

それにしても、さすがは近衛忠煇さん。私に恥をかかせないよう、思いやり溢れるお言葉。あらためて偉大さを感じました。

その偉大な近衛さんとお兄様の細川護熙さんから、お二方のお父様、護貞さんの出版記念パーティのお手伝いを頼まれました。当日数名を引き連れ、帝国ホテルの会場へ。護貞さんはお二人に勝る素敵な方でした。

でも、会場を見回しても、護煕さんと忠煇さんのお姿が見当たりません。私はパーティの間中、お二人がいつお見えになるかを気にし続けておりましたが、とうとう最後まで、お姿を現されませんでした。

何かあったのかしら、と心配になる一方で、もしかしたら、私があの偉大なお二人の代行をさせていただいたのかしら、と少しだけ誇らしい気持ちになりました。実際は、ただのお手伝いなんですけれど……。

東京プリンスホテルで、フランス料理をご馳走になったときは、席に着いてしばらくすると、シェフが恭しく挨拶に来られたのです。このレストランは家の近所ということもあり、よく利用させていただいているのですが、こんなことは初めてです。

「ここにはよくいらっしゃるのですか?」

「いやあ、初めてですよ」

不思議でした。

それから『日本人のマナー』という話題になりました。音を立ててスープを飲む日本人を外国の方は嫌うんだよね、などと教えて下さいました。もちろん、私もその程度のテーブルマナーは存じておりましたが、近衛さんから言われたことで、急に音を立てないことが難しいように意識してしまい、ぎこちなく必死にスープをいただいたことを覚えております。

細川家にも深い縁のある剣豪、宮本武蔵は、平常心の重要性を説いていますが、この時の私は、多少平常心とエレガントさをなくしていたかもしれません。

メニューが進み、諸々の楽しい話題が弾みはじめた頃、何かのきっかけで、またご先祖様のことに……。私は軽い気持ちで細川家の由来を尋ねますと、応仁の乱から近代までの歴史をスラスラとお答えになりました。歴史が好きな私でも、これにはビックリ。真の名家とはこういうものなのだと、納得いたしました。

そして私は前回の指南役の件について、あらためて祖母が話していた事実をお伝えしたのです。

「ごめんなさーい。ウチは町道場だったんですって。お魚屋さんとか、八百屋さんとか、武士の方でもあまり偉くない人達が稽古に来ていたんですって」

近衛さんは品良く笑って、

「そうだったんですか。それでも剣の指南をされていたんでしょ。大したものですよ。

そのおばあ様に会ってみたいものですね」

と、おっしゃいました
私は、こんな風に答えました。

「きっと私のご先祖様は、海賊か山賊だったんだと思うわ。祖父の家が海辺で網元をやっていました。園田という名も海辺に多かったと記憶しています。そうそう、天光光先生との〝白夜の恋〟で有名な園田直先生も天草ご出身でしょう。元参議院議員の園田清充先生は、地元が山の中だったと記憶しています。山と海って言ったらもう山賊か海賊と直感的に思ってしまいました」

近衛さんは品良くお笑いになられながら、こう仰いました。

「そう言えば、今でもそれに近いお仕事なのかな……」

最近は世界の赤十字社の会長として多忙を極められ、お逢いすることもなかなかできませんが、あの優しい笑顔はいつも私の心に。

銀座の七不思議

梶原一騎先生

『巨人の星』、『あしたのジョー』、『タイガーマスク』などの熱血根性マンガをはじめ、数々の名作を世に送り出した梶原一騎先生。

極真空手の黒帯でもある先生の武勇伝は、出版業界のみならず、銀座の街にも響いておりました。同じ熊本出身ということもあってか、なぜか妹のように可愛がっていただきました。超強面感のある先生と、平気で楽しくお付き合いをさせていただいている私の関係は、いつしか『銀座の七不思議』の一つに数えられていたそうです。

パーティ会場で先生の姿をお見かけして、私に気付いていらっしゃらなかった時など、

「先輩――っ‼」

と言って、後ろからバシッと、思いっきり叩いたこともありました。先生は一瞬、とても怖い形相で振り向かれたのですが、私だと分かると、ころっと表情が緩み、笑顔になって一言、

「おお、静香か。俺の背中をいきなり叩くのは、静香だけだよな……」

　先生とは、些細なことで、本気でにらみ合いをしたことがあります。その時ばかりは、先生も大変な剣幕でしたが、私も先生の目を睨み付け、一歩も譲りませんでした。

梶原一騎先生

　ついに最後は、先生の方が、

「ジョーク、ジョーク」

とおっしゃられて、笑顔を見せて下さり、〝先輩〟と〝後輩〟に戻って、いつもの楽しい掛け合いを取り戻したのです。

　空手有段者の梶原先生に、女の私が腕力やケンカで敵うはずもな

いのに、どうやって睨み合いを制することができたか、秘密をお教えしましょう。

ケンカで睨み合いになったときには、相手の両目を見るのではなく、片目だけを睨むのです。こちらが二つの目で、相手の一つの目を見ているので、どんな強い相手にも睨み負けする事はなくなります。相手には絶対悟られません。

それを教えてくれたのは、父でした。

こんなヤンチャなお話もあります。

梶原先生が東南アジアに旅行されたとき、帰る前日、酒を飲んでいたとはいえ、現地の人とのトラブルに巻き込まれてしまったそうです。相手は六、七名で、こちらは三名。先生と弟さんの真樹日佐夫さんは、空手の黒帯です。たちどころに全員を叩き伏せたのですが、一瞬の油断を突かれ、頭を凶器で殴打されてしまったそうです。吹き出る血を手で押さえ、ホテルへ。事件になって帰国できなくなることを恐れ、病院にも行かずに、そのまま飛行機に飛び乗ったそうです。運よく機内に医師がいあわせて、縫合し、包帯を巻いてもらい、その姿で、〝クラブ数寄屋橋〟へいらっしゃいました。

「なんですか先生、その姿はっ！」

先生はまるでやんちゃ坊主のようなお顔で、私にカクカクシカジカと説明して下さいました。

私はちょっと笑いながら

「先生、この姿で他の店にも行ってみたら?」

と、からかってみました。

「バカ、静香のトコ以外行けないだろ!　この格好じゃ」

と笑われ、包帯がとれるまでは、〝クラブ数寄屋橋〟一筋でいてくださいました。

先生との思い出話は、まだまだたくさんありますが、いずれまた、お話します。

風と共に去りぬ

立原正秋先生、生島治郎先生、梶原一騎先生

直木賞受賞作『白い罌粟《けし》』をはじめ、感慨深い大人の愛の文学作品を多く書かれた、立原正秋先生は、少年のような感性をお持ちの方でした。

先生とはお店だけではなく、雑誌の対談などでも、何度かご一緒させていただいたのですが、ある時、〝好きな映画〟という話題になりました。私は、『風と共に去りぬ』が一番好きで、なかでも、バトラーがスカーレットを〝お姫様だっこ〟して階段を駆け上がるシーンが、特に好きだと力説しました。

数日後、立原先生が来店され、お帰りになられる時、先生はさっと私を抱き上げて、階段を駆け上ってしまわれたのです。いきなりのことで、頭がのぼせてしまい、スカーレットになった気分で、先生をお見送りいたしました。

後日、その事を生島治郎先生にお話ししたんです。そうしたら、先生もお

立原正秋先生は、65年、別の作品で芥川賞候補、直木賞候補となったことから、「純文学と大衆文学の両刀使い」と称されて、流行作家となりました。翌66年『白い罌粟』で直木賞受賞。大人の女性の愛を描くことを得意としていました。

帰りになる時、同じように私を抱き上げて、逞しく階段を上っていって下さいました。

あの時は、お二人ともバトラーになったつもりだったのかしら。やっぱり作家の先生方ってロマンティストなのね。そんな風に勝手に思ってしまいました。


〝熊本の先輩〟梶原一騎先生にも、映画にまつわるエピソードがあります。

ある夜、先生は目を潤ませながら来店され、うっとりしたお顔で、こうおっしゃいました。

「静香、今日は素晴らしい映画を観てきた。美しかった……。静香も観に行ったらいい。おれが太鼓判を捺す！」

「先生、それは何ていう映画？　今そんなのやってるの？」

「『カリギュラ』という映画だよ」

そう聞いたものの、その時は右から左に聞き流しておりました。

その週の土曜日、銀座を歩いていたら、『カリギュラ』というポスターが目に入り、思わずそばに駆け寄りました。美しい映画と聞いていたのに、そこには血の涙を流しているローマ皇帝の顔が描かれていたのです。それでも、感動的という先生の言葉に背中を押され、入場券を。

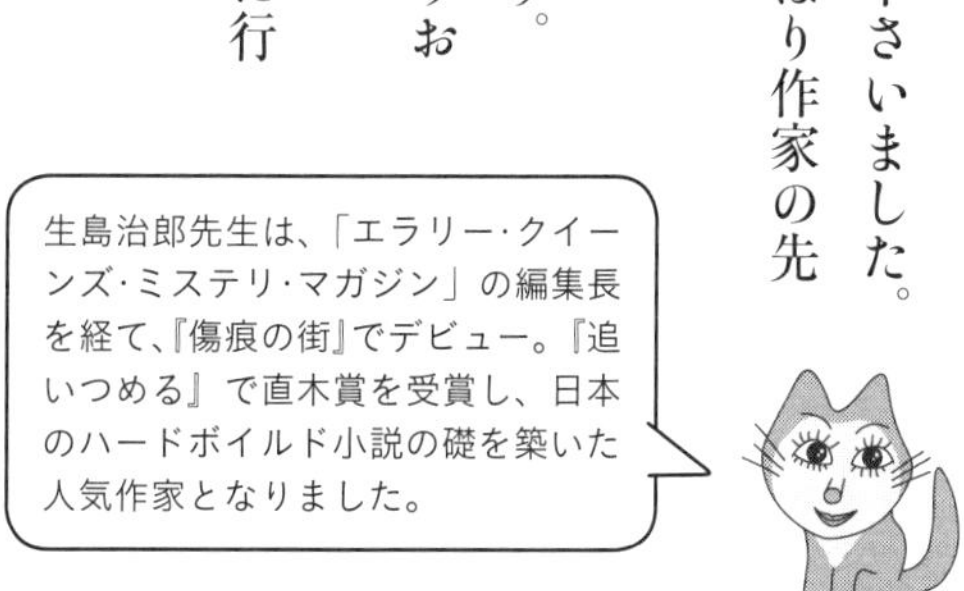
生島治郎先生は、「エラリー・クイーンズ・ミステリ・マガジン」の編集長を経て、『傷痕の街』でデビュー。『追いつめる』で直木賞を受賞し、日本のハードボイルド小説の礎を築いた人気作家となりました。

生島治郎先生

確かに大作ではありました。しかし、近親相姦あり、虐殺あり、暴行あり、拷問あり、ありとあらゆる残虐非道な行いが描かれた映画だったのです。これが、先生が感動する美しい映画なの？

先生の作品の中には、登場人物が血を流す、残酷な場面が多く描かれています。そこには、先生の美意識が凝縮されていたのかと、納得したのです。

そしてまた、ある夜のことです。梶原先生は、今度は大変不機嫌なご様子でご来店されました。どかっとソファーに腰を下ろされると、

「静香！　今日はとんでもない映画を観てきた。名画だ、名作だとみんなが言うものだから、一度観ておかねばと思い足を運んだら、何だ！　ただの我がまま女の一生じゃないか！　あんな下らない映画のどこが名作なんだ！　そう思うだろ、なあ静香」

映画館に足を運んだのに期待外れだった経験は、私にもあります。先生のことが気の毒になりました。

「先輩、よほどつまらない映画だったんですね。で、一体なんの映画を観てきたんですか」

膨れっ面のまま、先生は、

「ああ……『風と共に去りぬ』だよ」

私は、返事ができませんでした。


それにしても、〝感性〟って、人によってこんなにも違うものなんですね。それを理解したうえでお付き合いをしないと。そして大切なのは、相手の〝感性〟を認めて、自分の〝感性〟を相手に押し付けないことです。

そうしないと、あなたの大切な人も『風と共に』去って行ってしまうかもしれませんよ。

銀座を襲撃した宇宙人

楳図かずお先生

独特の天才的で強烈なタッチで知られる、ホラーマンガの第一人者、楳図かずお先生。先生の画風は誰にも似ておらず、一話一話緻密に作られたホラーストーリーは、他者の追随を許さないものがあり、まさに〝楳図ワールド〟。

そんな先生と〝クラブ数寄屋橋〟との出会いもまた、強烈でした。

まだ店が銀座六丁目にあった頃のお話です。ある晩のこと、店内にどよめきが起こりました。私は奥の方でお客様にご挨拶をしていたのですが、いったい何事かと、店の入口の方を見て驚きました。

頭から足の先まで、キラキラ輝く派手な銀色の服装に、豆電球をつけた光るベルト。銀色の帽子には、蛍光塗料が塗られたクネクネと曲がった棒が何本か突き刺さっており、それが動く度に揺れているのです。

派手な宇宙人の襲撃かと思いきや、なんと楳図かずお先生のご来店でした。お客様の中にはお仲間もいらっしゃって、店内は驚きと笑い、そして拍手に包まれました。

最近でこそ、〝コスプレ〟や〝ハロウィン〟で仮装する人は珍しくなりましたが、その時代にそんなことをする人は皆無です。まさにオリジナリティーの成せる業でした。


その後十数年、なかなかお逢い出来ず、ただ、例の〝まことちゃんハウス〟の件をはじめ、先生の話題は常に目に耳に入っておりました。

二〇一六年三月三日。小学館漫画賞の帝国ホテルで、遠くのお席に見覚えのあるお顔。そう、楳図かずお先生です。

場内を小走りで、「先生、お久し振り!」と。懐かしく様々な思い出が蘇りました。

先生は、優しく微笑みながら、

「さっきから、ママだと分かっていたよ」

嬉しかった。数十年お逢いしてないんですもの。でも、いい年齢の重ね方をなさっているなあ、とつくづく思いました。

手相と結婚運

五味康祐先生

『柳生武芸帳』などの作品で、剣豪作家として名を馳せた五味康祐先生は、文学だけでなく音楽、観相学にも深い造詣をお持ちの方でした。手相に関しては、独特の世界というか、権威を築かれて、〝クラブ数寄屋橋〟にお見えになった頃には、いくつかの週刊誌などで占いの連載をなさっていました。

ご来店されたある夜、先生は私の手相を見て、

「君は、いい相をしている。結婚線がいい。特に二回目がいいねェ。凄い大物を掴み、想像を絶する生涯を過ごすことになるな」

と、自信を持っておっしゃったのです。

周りにいた女性達からは羨望の眼差しを向けられ、「ママはいいなあ」とやっかみ半

分で言われました。

はじめに申したとおり、私は一度結婚しておりますが、四ヶ月で別れました。その私が、果たして本当に先生がおっしゃるような、白馬の王子みたいな凄い人との二度目があるのだろうか、と思わず考えてしまいました。でも、ちょっと期待……いえ、かなり期待……。

ところが、です。

翌週、五味先生が来られて、いつものように、「手を見せてごらん」とおっしゃいます。女性達は待っていたとばかりに、「先生、今日は私の手相を見て」と手を差し出しました。女の子にとって五味先生は、〝作家の先生〟である以上に、〝手相の大先生〟としての存在だったようです。

先生も悪い気はしていなかったようで、

「どれ、フムフム……。お前、今、男の件で悩んでいるだろう」

「そうなんです。別れようかどうしようかと迷っています」

「別れろっ！　この男についていってもダメだ！　必ず他にお前に合う男が出て来る」

「本当ですか？　決心がついたわ、先生！　ありがとうございました」

私の番になりました。〝二度目〟の話の続きが聞けるかと思い、ワクワクしていますと、私の手相を見るなり開口一番、「君は結婚運がない」と一言。自信たっぷりのお顔でした。

その夜以来、私は先生が来られても、二度と手相は見ていただかないようにいたしました。

ところで、私たちは、男も女も、「結婚運」といわれると、ちょっとしたことでも喜怒哀楽を感じてしまいがちです。

ですが、特に〝夜の花〟を相手に、

「是非とも彼女を独占したい」

などと、あまり思い詰められない方がよいかもしれません。夜の花を摘んで、家庭という土に植えても、ご覧になられたその姿のままで根付くことは、あまりないように思われます。夜の花は夜の世界でこそ美しく、魅力的なもの。昼の世界で、急にしおれていく花を見る男の方たちのお気持ちは、いかがなものでしょう。皆とは申しませんが、根付かぬ花たちは、また夜の世界に戻って参ります。

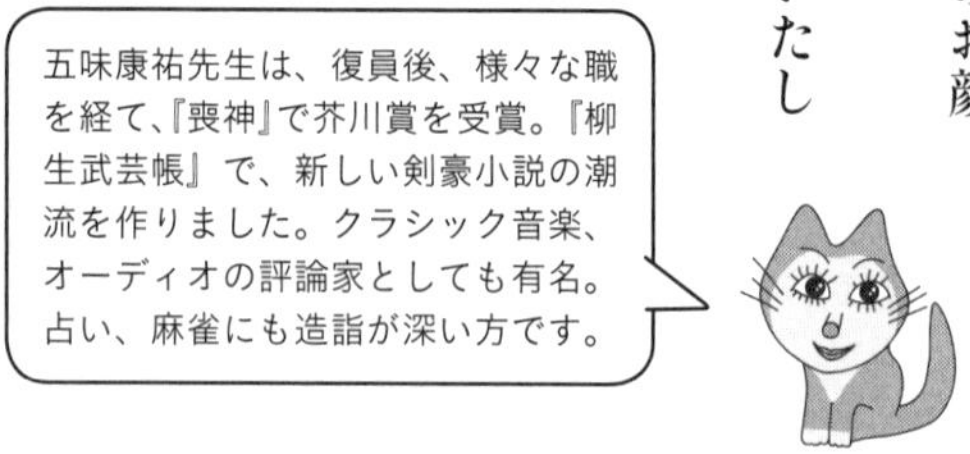
五味康祐先生は、復員後、様々な職を経て、『喪神』で芥川賞を受賞。『柳生武芸帳』で、新しい剣豪小説の潮流を作りました。クラシック音楽、オーディオの評論家としても有名。占い、麻雀にも造詣が深い方です。

二人の星先生

星新一先生

〝ドッペルゲンガー〟って、ご存じですか。『ある人とそっくりな別人が現れ、その二人が出会ってしまったら――』というSF小説などに登場する怪奇現象のことです。

実は私は、〝ドッペルゲンガー〟に遭遇したとしか思えないSF的な体験をしたことがあります。しかもその相手は何と、あの〝日本SF界の巨星〟、〝ショートショートの神様〟といわれる星新一先生だったのです。気付いたのは、初めてお会いしてから、一、二年経ってからのことでした。

私はパーティー会場やお店では和装が多いのですが、星先生に挨拶をしても、いつもスーッと通り過ぎてしまうのです。あるとき、時間に間に合わなくなりそうで、慌ててパンタロン姿で会場に駆けつけました。すると、珍しく、星先生がご自分の方から、「やあ、やあ」とにこやかに近付いてこられたのです。ずっと楽しそうに話をされて、お開きになったあとは、〝クラブ数寄屋橋〟への同伴まで……。

その余韻もさめやらぬ頃、S社のパーティー会場で星先生をお見かけした私は、胸をときめかせながらおそばへ。先日のお礼と楽しかったという思いを伝えようとしたのです。しかもその日は、着物姿でビシッとキメていました。それを先生にお見せしたいという女心もございました。

ところが、です。星先生は先日とは打って変わったようにつれない態度で、笑顔さえ見せず、いえ、怒ったようなお顔で儀礼的な言葉を残し、その場を足早に去って行ってしまわれたのです。

この前のことは夢だったのかしら。

それからしばらく経った頃の、あるパーティー。私は、気分転換にドレスを着て会場へ参りました。星先生をお見かけしたのですが、お声をかけるのを躊躇しておりました。前回のこともあり足がすくんでしまったのです。結局、おそばに伺うのをやめ、他の方とお話をしていましたら、誰かが、後ろから肩をたたくのです。振り向きますと、にこやかな笑顔をされた星先生が立っていらっしゃいました。不思議に思いながらも、私も精一杯の笑顔を返しました。

その日、先生は、また楽しそうにいろいろ話しかけて下さり、そしてまた同伴して

星新一先生は、「ショートショートの神様」と呼ばれ、生涯で1042編のショートショートを遺しました。世俗性を一切廃し、先見性に富んだ作風は、今なお人気を博しています。アイロニカルなジョークを好んだ方です。

下さったのです。

星先生とはその後も色々な場所でお会いしたのですが、私に対しては、そのような対極的な接し方を不規則にされ続けたのです。

一体どういうこと？　やっぱり、〝ドッペルゲンガー〟？

その理由は、ほどなくして明らかになりました。星先生は、単に洋装の私がお好きなだけだったのです。

いろいろなお客様から、「ママ、洋服だとイメージ変わるね。たまには洋装にしたら」などと言われますが、洋装と和装でこれほど接し方が変わられるお方は、星先生以外、出会ったことがありません。これが、「二人の星先生」の秘密です。どうしてだったのか、理由を聞きそびれてしまったのが残念です。

星先生は、様々な奇抜なエピソードで有名でした。

長身でいらしたので、自分より背の高い奴はＳＦ作家クラブに入れてやらない。このせいで田中光二先生は、しばらく入会させてもらえなかったそうです。また、奥様とお見合いをされたとき、決め手になったのは髪が長かったからだ、などなど。

優しい方の星先生は本当に魅力的で、時間を忘れる程楽しかった。着物の時は、挨拶と作り笑顔だけ。そんな不思議な星新一先生が好きでした。

シルクロードをまたに掛ける開脚

井上靖先生

ノーベル賞候補にもなられ、世界でも多くのファンを持つ偉大な作家、井上靖先生。大物政治家か大実業家と、お見受けするような風貌をお持ちで、お逢いした人を一瞬にして包み込む魅力を持った方でした。

井上先生は、文壇の第一人者として、日本ペンクラブの会長も長くお務めになり、一九八四年五月には、国際ペンクラブ大会の東京招致も実現されました。新宿京王プラザホテルで開催された『第四十七回国際ペン東京大会』では、国内外から六百名を超える方々が参加され、「核状況下における文学―なぜわれわれは書くのか」というテーマのもと、代表者会議で核兵器の廃絶についての決議が可決されました。各先生方や出版社への働きかけや、その他企業の協賛など、大変なお仕事だったそうです。大会当日は、私もお手伝いで参加させていただきましたが、日本舞踊や華道、その他日本文化の紹介も兼ねた催し物の、あまりの華やかさに目を奪われてしまいました。その準備に当たっては、井上先生と親しかった平山郁夫先生もご尽力されたとうかがっています。お二人は、井上先生が毎日新聞の美術部長の頃からのお知り合いで、はるばるシルクロードまで、ご一緒に取材に行かれこともあったそうです。なお、井上先生は、世界中の大作家が集まるこの大会で、国際ペンクラブ副会長に就任されていらっしゃいます。

また酒豪でいらっしゃる井上先生は、こよなく銀座を愛された方で、面倒見の良いお人柄もあり、何軒ものクラブの店名の、名付け親になっていらゃっしゃいました。

〝クラブ数寄屋橋〟にも、よく足をお運びいただきました。私の中で印象深い思い出は、源氏鶏太先生と、早い時間にお見えになられた時のお姿です。

先生はグラスを一、二杯傾けられると、なんと、ヨガのような動きをされはじめました。しかも、その動きがとてもさまになっていて、美しさに感動した私は、思わず「私の踊りの参考にしたいので、今のポーズを教えて下さい！」

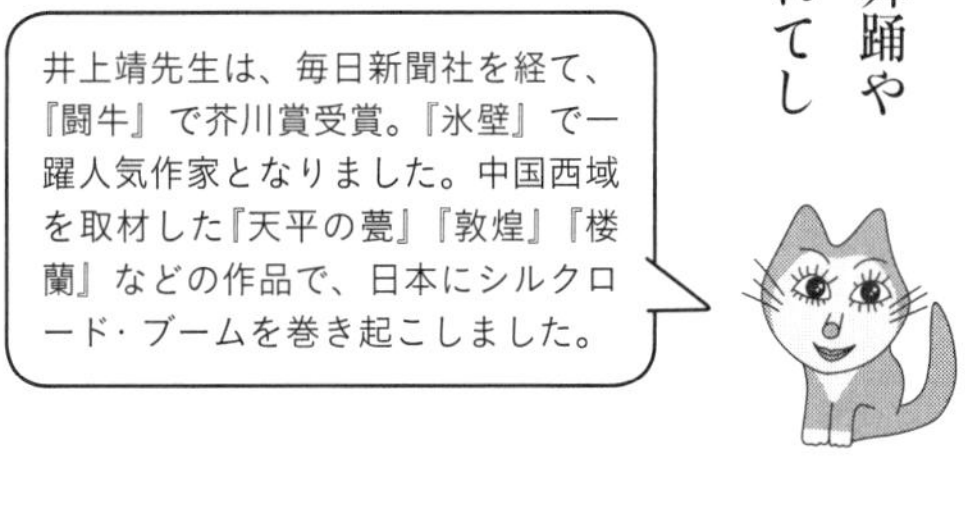
井上靖先生は、毎日新聞社を経て、『闘牛』で芥川賞受賞。『氷壁』で一躍人気作家となりました。中国西域を取材した『天平の甍』『敦煌』『楼蘭』などの作品で、日本にシルクロード・ブームを巻き起こしました。

とお願いしてしまいました。すると、

「じゃあ、もう一つ」

と、おっしゃって、それは見事な開脚を。まさかの一八〇度股割りでした。

井上靖先生がされていた、柔道の訓練によるものなのか、それとも取材を兼ねて訪問された、アジア各国で修得された技なのかは存じませんが、七十歳に届くと思われる先生の、想像を絶する身体の柔軟さに、驚きを隠せませんでした。シルクロードをはじめとする辺境まで赴かれた先生の健康・健脚は、このようにして維持されていたのだと納得したのです。

井上靖先生

その日以来、私も少しずつではありますが、開脚の練習をするようになりました。前後に足を開く、縦割りはやっとできるようになりましたが、今なお、先生のレベルには届いておりません。

立派な『バカ』になれっ！

赤塚不二夫先生

『おそ松くん』、『天才バカボン』など、数々のギャグマンガの金字塔を打ち立て、いまだに人気の衰えぬ赤塚不二夫先生。

先生の、バカを装い多くの人を和ませる優しさ、先を見とおす目、身に滲みて感謝しております。

『天才バカボン』の主題歌に、

「バカじゃなくてもバカなのだ。それが天才だ」

という歌詞がありますが、赤塚先生こそ、そんな〝天才〟でいらっしゃったのだと確信しております。

赤塚先生には、あの〝文士劇〟の日以来、ずっといろいろな、そして大切なことを教えていただいて参りました。

私が銀座に出て間もない頃、まだマンガと言えば四コママンガが主流だった時代には、「これからはマンガの時代だよ。いや劇画に目を向けた方がいい」と、語っておられました。先生は、出版における時代の潮流についての、鋭い目もお持ちだったのです。

また、赤塚先生は人を育てる名人でもありました。有名なのは、タモリさん、『釣りバカ日誌』の北見けんいち先生をはじめ、先生に育ててもらい、今でも先生を慕う方たちは、たくさんいらっしゃいます。もちろん、不肖、私も……。

ただ、〝天才〟である赤塚先生の背中について行くことは、〝弟子たち〟にとって、とても大変なことだったようです。大変といっても、それは愉快な大変さなのです。

北見けんいち先生作

赤塚不二夫先生

先生が外車を購入された時のお話です。「外車に乗せてやる」と言われた編集者が、助手席に乗せられると思いきや、案内されたのは後部座席。

不思議に思っていると、「外車にはウィンカーが付いていないから、右に曲がるときには窓から右手を、左に曲がる時には窓から左手を出してくれ。頼むぞ！」と。その編集者の方は、車が右折や左折をする度に、後部座席を右に左にズリズリ移動しながら、〝ウィンカー〟の代わりを本気でやっていたそうです。まだ、外車に乗っている日本人が少ない時代です。だから、先生の冗談を真に受けたんでしょうね。

他にも、先生と一緒に雪の中に裸で飛び込んだり、女子高生の恰好で一緒に踊ったり……。

もちろん、先生ご自身も天才的な〝バカ〟でした。

横山隆一先生のご自宅で、毎年開かれる花見の会は、それは見事で、お庭のプールには桜の花びらの〝絨毯〟が敷き詰められるのです。本当に絨毯のようなので、毎年、酔っ払った誰かが、地面と間違えてプールに落ちてしまうのです。

「こりゃ、今年も誰か落ちるな」

心配そうにおっしゃっていた赤塚先生でしたが、酔っ払った後、見事にご本人がプールに落ちてしまわれました。

まだ〝お約束〟などという言葉もなかった時代のことです。最近の若い方たちの悪ふざけとは、次元の違う〝バカ〟、いえ、〝天才〟でいらっしゃったのです。

一方で赤塚先生は、とても優しいお心遣いをされる方でもありました。

忘れることができないのは、手塚先生の告別式でのことです。長い長い列に並び、涙していますと、わざわざ前の列を離れ、私のところまで来て、「僕たちもいるじゃないか」と元気付けて下さいました。その時の先生は、世間の人の目に映る赤塚像とはまったく違う、繊細な気配りを持ったマンガ界の重鎮の一人として、大勢の関係者を慰めていらっしゃったのです。

理知的で優しいお人柄と、その真逆の、ギャグの世界を自由自在に行ったり来たりしていた赤塚先生。先生からいただいたたくさんの教えの中で、どれか一つを挙げるとしたら、この言葉になるでしょう。

「立派な『バカ』になるのは大変なんだから。『バカ』になる自信がなかったら、ごく普通の利口な人間でいた方がいい」

私はこの言葉が大好きなんです。年の初めに手帳を変えるときには、一番最初のページにこの言葉を書いております。

そして先生、もっと凄いことをお教えしましょう！　先生の担当者の方達、誰とは申しませんが、すごく偉くなっていらっしゃいますよ！

先生は先を見通す『天才』として、そのことも見抜いていらっしゃったのかしら？

第四章

バブルの様な私の夢は

銀座の〃バブル《あわ》踊り〃

「世界で一番〃高い場所〃って、どこだか知ってるかい？」

「エベレストでしょ？」

「違うよ。そんなんじゃなくて……」

「なーんだ、地価のこと？　それだったら、『銀座』に決まってるじゃない！」

こんな会話をお客様と交わしたことがあります。『東京を売ればアメリカ全土が買える』などと、真顔で言われていた狂乱の〃バブル景気〃の最中でのことでした。


一九八〇年代後半から九〇年代前半にかけて発生した〃バブル景気〃。一九八五年のプラザ合意以降に実施された公定歩合引き下げで、もの凄い額のお金がジャブジャブと余って、株や土地などへの投機に回ったことが原因だといわれています。

今でこそ『バブルは必ず崩壊する』ということが常識のように語られていますが、当時そんな意識を持てた人は、ほとんどいませんでした。なにしろ目の前で土地や株価がぐんぐん値上がりし、一日で何千万と儲けている人たちが、街を闊歩しているのです。自分だって、少しでも動かせる資産があったらやってみたい、そう思うのは人の性《さが》というものです。

実際、多くの資産家や企業、普通の主婦までが投機（当時は『財テク』と呼ばれていました）に飛びつきました。お客様から聞いた話によると、一九八七年には、全国の地価の値上がり分がGNPを越えたそうです。つまり本業で汗を流して働くより、投機をする方が儲かる国だったのです。「上がるから買う」「買うから上がる」その成功体験を無視し続けることは、誰にとっても困難なことでした。

〝踊る阿呆に　見る阿呆　同じ阿呆なら　踊らにゃ　そんそん〟

そんな気分です。

もちろん〝損〟をしたのはどちらの方であったかは、皆さんご存じの通りなわけですけれど……。

やがて『土地神話』が生まれます。「地価は永久に高くなり続ける」という、今では考えられないような『神話』に日本中が包まれました。

投機で儲けた「あぶく銭」の一部は高級消費へと向かい、銀座にもかつてないほどの富が渦を巻いて流れ込みました。爆発的に増加したクラブの数は、最盛期には約五千軒を数え、そこには五万人前後のホステスが働いていたともいわれています。高級クラブでの、お客様の遊びのスタイルも大きく変わり、情報や意見を交換する紳士たちの姿よりも、気に入ったホステスに高級車をプレゼントする、飛ぶ鳥を落とす勢いの〝バブル長者〟たちが目立つようになりました。現に、お客様から「ママ、この指輪をちょっとはめてみてくれないかなあ」などと数千万円はすると思われるダイヤやエメラルドや翡翠のリングが、何度私の前を素通りしていった事か。銀座はバブルに踊る街となっていったのです。

ですが、〝クラブ数寄屋橋〟は決してそのような風潮に踊らされることなく、相変わらず〝文壇バー〟としての素朴なスタイルを貫き通しました。もし私が他の多くの店の真似をしていたなら、この店が半世紀を迎えることは無理だったでしょう。そうならなかったのは、ひとえに、この店を愛して下さったお客様方のお陰であったと思います。

両親がくれた〝初舞台〟

両親の愛を一身に受けて育った私には、数え切れないほど多くの両親との思い出がありま す。それは、私という人間の内面を形成する中核の部分に、大きな影響を与えてくれた思い出でもあります。

母は踊りの師匠をしており、多いときは二百名を超すお弟子さんを持っていました。私は、生まれたばかりで歩くこともできない頃から、なぜか踊りのお稽古場が大好きだったみたいで、祖母や父の懐（父は家にいるときは大体着物姿でした）の中に入って、キャッキャといいながら、その場を楽しんでいたそうです。

楽しみの少なかったこの時代、お宮のお祭りや何かの催しがあると、踊りの師匠である母に出演の声がかかりました。顔の広かった父にも、ほうぼうから母の踊りをとの依頼が寄せられ、その度に母は何人かのお弟子を連れ、出演しておりました。

そんな時、必ずといっていいほど、私は父の懐の中に入り、一緒に舞台のそばにいっていたそうです。そして音楽が鳴り、踊りが始まると、なんと懐の中で手足を動かして、踊っていたそうなのです。父は、舞台も気になりつつ、懐の中の踊りも愛おしかったそうです。


ある時、天草の祖母（父の母）の実家から、「是非十日間ぐらい、村の皆さんに踊りを見せて上げて欲しい」と切望されました。田舎は、市内よりもっと娯楽が少なかったからでしょう。

父は、厳しく頑固な祖父を説得し、許しをもらってから、即席の一座を立ち上げました。

母と十名ほどのお弟子さんたち、衣装係のおばさん（お弟子さんのお母さん）、それに総合マネージャーの父（父は、司会進行、ガードマン、エグゼクティブプロデューサー、一人で何役もこなしていました）、そして二歳ちょっとの私。素人ばかりのにわか劇団の誕生です。父が二十七歳、母が二十歳ちょっとだったそうです。

その一座の名前は『チエ子（母の名）一座』、ではなく「静香《シカ》ちゃん一座」。本当に両親に愛されていた、幸せな子供だったんだなあと思います。

最初の訪問地は、天草の本渡という土地だったと思います。

到着すると、父はお昼に宣伝のため、若いお弟子さんたちに、カツラ、化粧、衣装を身に纏《まと》わせ、オート三輪の荷台に別れて乗り、音楽を鳴らしながら街を練り回ることになりました。

「あたちもいく！　ぶたいにでる‼」

そう言って、両親を困らせたらしいのですが、小さな私が父の膝の上から、道端で見ている人たちに手を上げるだけで、大ウケしたそうです。若いお弟子さん達も私同様に楽しんで、街回りをしていたと聞きます。ですが、母だけは一度も加わらなかったそうです。

しかし母は、街で大ウケしたことを聞くと、

「父さん、この子もよちよち歩けるようになったけん、一度出してみようか？」

「大丈夫か？」

心配する父に向かって母は、「私と一緒に出るけん、心配せんでよか」と自信満々。

母は娯楽の少ない時代に、少しでも人を楽しませようとした人です。普段おっとりしているのですが、舞台で観客がどんな反応をし、何をすれば客を沸かせ、引き付けることができるか、常日頃から鋭い感性を発揮していました。

「『赤城の子守唄』を踊るとき、静香を背負って舞台に出て、途中一ヶ所だけ泣きながら歩かせればよか。もしこの子が転んだら、うちが何とか上手くやるけん。アンタは静香の事を上手くアナウンスして！」

父は母を信頼していますし、生来ノリの良い人です。

「そうだな、シカチャンの初舞台か！　面白くなってきたな！」

いよいよ初舞台の日が来ました。できたての衣装、そして生まれて初めての化粧。母は舞台に上がる直前、私の前に腰を下ろして、両肩に手をやり、

「シカチャン、母さんが、シカチャンを背中から降ろしたとき、母さんに向かって泣きながら歩いてきなさい。それだけでよかけんね」

と言って、私を背に。

満員御礼の会場に、司会進行役である父の見事なアナウンスが響きます。初舞台の〝親子の共演〟で、会場の期待を大いに高めて最後に、

「シッカチャン、シッカチャン、張り切ってどうぞ‼」

まったく記憶がないのですが、きっと一生懸命踊らせてもらったのだと思います。結果、場内からは割れんばかりの拍手。おひねりは飛ぶし、お菓子は舞台に乗るし、涙を流された方もいらしたとか。

更に驚いたことに、母の背で初舞台を踏んだ私は、次の日から一人で踊ったそうなのです。本当は母の準備が間に合わないときの、場つなぎだったらしいのですが。

その時、母は私にこう言い聞かせたそうです。

「シカチャン、アンタは師匠の娘だけんね、会場からいろんなものが跳んできてもそれを見てはいかんよ。お父さんの『シッカチャン、シッカチャン』という声が聞こえたら、舞台に出なっせ。真ん中まで行ったら、足をドンと踏んで、お客様のほうを見なさい。それからは、あっちこっちに行って、戻ってくればよか」

その母の言葉は全く覚えていませんが、

「シッカちゃん、シッカちゃん、はりきってどうぞ」

という父の声だけは微かに。

後で聞かされたのですが、楽屋では転んでばかりいたのにもかかわらず、舞台に出ると、しっかりした足取りで中央まで行き、バンと床を踏んでいたそうです。

会場からは嵐のような拍手と涙。舞台一面いろんなものが飛んで来たそうですが、一度もそれを見ることはなかったのだそうです。母の愛ある言葉から、師匠の娘としての誇りを感じとっていたのかもしれません。

自分の踊りが終った私は、父の懐の中へ。父はそのまま、最後まで進行を続けたそうです。その時の写真が今でも残っています。父と母の愛、痛いほどわかる娘への愛。愛し合っている夫婦が体験した素人遠征舞台旅行。

シカちゃん劇団の人気は増々エスカレートし、十日、また十日と追加公演の依頼が入りで、結局、一ヶ月ほどになってしまったそうです。

両親は、その後の数十年もの日々の中で、時々懐かしそうにその旅行の話をすることがありました。その度に私は、身を乗り出して話を聞いていたものです。私自身にとってはもちろんのこと、両親にとってもあの旅行はかけがえのない楽しい時間だったことでしょう。

あの「ヒロイン」のモデルが私？

藤子・F・不二雄（藤本 弘）先生

一九九二年、藤子・F・不二雄こと藤本弘先生原作の実写映画『未来の想い出』の件で、制作会社の鈴木光社長から、依頼がありました。

「マンガの受賞パーティのシーンの撮影があるので、『パーティの顔』、静香ママにぜひ。そして若い女の子、三、四名を頼むよ」

おだてられ、ついその気になり、

「わかったわ。で、いつなの？」

光ちゃん（鈴木社長の愛称）は、ちょっと申しわけなさそうに、

「実は、明日なんだよ」

「ええっ！　明日？」

「午前十時から、さいとうたかを、赤塚不二夫、石ノ森章太郎、つのだじろう、我孫

子素雄先生たちと一緒に。頼むよ」

「十時！」

困りましたが、引き受けた以上、辞めるわけにはいかず、まずは若い女性たちを呼び、頼み込みました。そしてすぐに美容室に予約を入れ、なんとか段取りはつけましたが、大変でした。

なにしろ、夜のクラブでは、接客後のミーティング等を含めると帰宅時間が深夜、場合によっては空が白々と明るくなることもあるのです。

それから若い子だけではと思い、チイママの幸子と久美子（現在も現役）をテーブルへ呼び、

「ねえ、早いけど、一緒についてきて」

「十時ですか？」

「そうなの。おねがーい！」

必死でした。

翌日、全員睡眠時間もそこそこに明治記念館へ。

先生達は、既に控え室に到着されていました。隅の方には日本酒、ウィスキー、ワイン、おつまみが。実は私は映画出演以外に、撮影前までに先生たちにほろ酔い気分になっていただくという役目も頼まれていたのです。

手持ち無沙汰にされている先生たちの側に急いで駆け寄り『接客』を。

「お飲み物は何になさいますか？　ウィスキー？　それともワイン？」

小一時間ぐらいしますと、先生たちは、酔い加減に。ついでに若い子たちまでご機嫌に。

一方、私とお姉ちゃん二人は、まるで付き添い役。それでも私は「パーティーの顔」としての緊張感が心の片隅に残っていました。

授賞式パーティー会場のセットの前で、現場スタッフの指示がとびます。

「先生たちは中央のテーブルで、君たち（ウチの若い女性）はその横へ」

何故か取り残された私、幸子、久美子が、呆然とそのままの状態で立っておりますと、スタッフの方から、

「そこの三人！　邪魔だから隅の方に移動しろ！」

あまりに投げやりで失礼な言い方に腹を立てながらも会場の隅の方へ。

撮影が始まりました。受賞者役の女優さんが先生の方へ挨拶に来るシーン。上機嫌

の先生方は、台本を無視したアドリブです。若い娘たちもそれに上手く合わせて、キャッキャと楽しそうにはしゃいでいました。

すると、突然、私達に向かって、

「おい、そこの着物！　入り口に向かって歩け！」

そこで初めて、自分がただのエキストラの一人に過ぎないことに気付きました。

「パーティーの顔」だなんて、よくもまあ……。

そんな私の気持ちなどお構いなしに、大きなカメラ（当時はクレーン車の様な機械の先に人が乗り大きなカメラを回していました）が空中から近づいてきます。

「ママ、行くことはないですよ」

幸子と久美子が袖をつかみ、私を引き留めました。すると、

「オイ、そこの着物！　さっさと歩け‼」

ムッとしましたが、こんど藤本先生に会ったとき思いっ切り文句を言えばいい、そう思い、幸子と久美子の手を振り払いました。

数日後、光ちゃんがお見えになられた時、

「社長、ひどい目にあったけど楽しい撮影でしたわ」

と、皮肉を込めたお礼を。

「いやあ、いいえ画像がとれましたよ。ママにも楽しいと言ってもらえて、何よりだよ」

少年のような笑顔に、それ以上、何も言えませんでした。

一、二週間後、藤本先生に会うことになり、姿を見るやいなや、ここぞとばかりに走り寄り、真っ赤な顔で睨みつけて右手の拳をかざし、大きな声で、
「先生っ！」

先生はニコニコしながら私の顔を見て、

「あのね、ドラえもんの『静香ちゃん』、ママの名前を使ったんだよ」

「ええっ⁉」

日本中どころか、世界中で有名なドラえもんのヒロイン、その『静香ちゃん』の名前が私から？　いつの間にか、振りかざした拳がVサインになっておりました。

先生の言葉が真実かどうかは、もちろん定かではありません。もしかしたら、わたしが怒っていたのをご存じで、その場しのぎのリップサービスかもしれません。

でも、今考えてみますと、先生はお酒も飲まれませんし、銀座の他の店にも行ったことがないとおっしゃっていました。そしてドラえもんは数寄屋橋がオープンしてから誕生しているし、ひょっとすると……？

まあ、真偽のほどはどうでもいいのです。たとえ何であろうと、先生がおっしゃったその言葉だけを胸に秘め、これからも生きていこうと思うのです。

先生、映画に出して下さって、本当にありがとうございました。

藤子・F・不二雄先生

忍法時計回しの術

藤子不二雄Ⓐ（我孫子素雄）先生

『忍者ハットリくん』、『怪物くん』、『笑ゥせぇるすまん』など、数々の超ヒット作の生みの親、藤子不二雄Ⓐこと、我孫子素雄先生。ある祝賀会で、マンガの神様、手塚治虫先生をして、「〝藤子不二雄〟の二人にはジェラシーを感じる」と言わしめた国民的マンガ家です。

〝クラブ数寄屋橋〟オープン当初、挿絵画家の小林秀美さんがお連れになられたのが、最初のご来店でした。それが銀座デビューだとうかがいました。その一週間後、今度はお一人でご来店されました。

「我孫子先生、いらっしゃい！」

嬉しさと驚きで叫んでしまいました。

その日以来先生は、週に二、三回は起こしいただくようになられました。後年教えて下さったその理由は、

「一度行っただけなのに、ママがボクの名前を覚えていてくれていたんだ。それが嬉しくて、通うようになったんだ」

先生は、私たちにとっては当たり前だと思っている、ちょっとした心遣いを大切にされる方なのだとあらためて思いました。

先生は、他の作家の方や出版社の方々とのお付き合いも大切にされ、よく皆さんを引き連れて〝クラブ数寄屋橋〟においで下さいました。

ハシゴがお好きで、朝方まで飲まれることもしばしば。店にとっては大変ありがたいのですが、編集者の方たちは、少しキツいと感じる日もあったようです。

ある夜のこと、我孫子先生は出版社の方をたくさん連れてこられ、夜更けまで楽しくお騒ぎになられていたのですが、お疲れだったようで、午前二時を過ぎた頃には居眠りされてしまったのです。

出版社の専務が、手を叩いておっしゃいました。

「そうだ！　我孫子先生の時計の針を進めて、今日はご自宅に帰られるように説得し

よう！　ママも協力を頼むよ！　これぞ〝忍法時計回しの術〟だ」

出版社の方たちの名誉のために申し上げておきますが、そんなアイディアが出たのはご自身たちが帰りたかったからではなく、ましてやふざけていたワケでもなく――、あくまで我孫子先生のお身体を気遣ってのことでした。

私は笑いながら、専務に賛同し、スタッフ全員の時計を進めさせました。

「先生、起きて下さい！　ホラ、時計を見て下さい、もう午前三時過ぎですよっ！」

我孫子先生は、寝ぼけまなこで、ご自身の腕時計と店の置き時計を交互にご覧になり、

「ああ、三時回ってるのか……」

全員が安堵の息をついたのもつかの間、

「じゃあ、これから六本木に行こう！　朝までやってる店、知ってるから！」

皆さんの中で、〝ドーン！〟という『笑ゥせぇるすまん』の効果音が鳴り響いた様に見えた瞬間でした。

四コマンガと私

植田まさし先生、サトウサンペイ先生

胸の痛むニュースばかりの日でも、パンチの効いたユーモアで心を和ませてくれるのが新聞の四コママンガ。

二〇一六年の日本漫画家協会賞の贈賞式では、日本漫画家協会賞大賞（カーツーン部門）を受賞された『かりあげクン』の作者、植田まさし先生は、壇上でのご挨拶で、〝クラブ数寄屋橋〟の思い出を披露して下さいました。

「私は何十年か前、編集者に銀座の文壇バーに連れていかれたことがあります。そこには手塚治虫先生をはじめ、そうそうたる先生方がいらっしゃって感激したことを、まざまざと覚えております。そのお店の名は、確か……〝新橋〟だったと思います」

〝橋〟は〝橋〟でも、〝数寄屋橋〟。気付いた方もいらっしゃったのですが、先生はと

うとう最後まで、〝新橋〟と。

「先生、お久しぶりでございます。〝新橋〟ではなく、〝数寄屋橋〟の静香です」

懇親会のご挨拶ではお互い大笑い。

「それにしても、ママは変わりませんねぇ」

お上手な言葉もいただき思い出話に花が咲きました。


私自身が四コママンガに登場させていただいたこともあります。サトウサンペイ先生の『フジ三太郎』には、私の特徴を見事にとらえたキャラが〝奇数屋橋〟という看板とともに……。

園田直先生が外務大臣の頃だと思います。店でお客様を接待する私の姿が。右手はこちらのお客様、左手はあちらの方、目は前の席の方、足はこちら、と六、七人を相手にしながら、心と言葉は全員に届くように。最後のコマでは、天から降り注ぐお札を両手で受けてニッコリ笑っている私が、描かれていました。

それ以来、

サトウサンペイ先生

「ここのママは、一人で六人の接客ができるんだよ」

と冷やかされる事もしばしば。でもこれってまさに、銀座のノウハウ。

殿方は「俺はあいつよりモテるだろうか」と気にされる方が多いので、どの方の心証をも害さない、先生のマンガの様な思いやりの行動が必要です。

湾岸戦争当時にはこんなお話も。私がパトリオットミサイルに変身して店を飛び出し、パーティ会場に突っ込んでいくのです。お客様たちと会話してまわり、七、八人捕まえると、またパトリオットになって店に飛んで帰る、というストーリーでした。

後日あるお客様が苦笑いされながらおっしゃいました。

「別にやましく思われることなどまったくないのに、休日、家でのんびりして新聞を読んでいる時、いきなりママが飛び出してくると、驚きと夜の世界が頭をよぎり、妻に悪いことをしているような錯覚に落ちていってしまったよ」

〝文化の力〟と〝十二・五人〟の総理大臣

〝十二・五人〟もの、内閣総理大臣をお務めになられた政治家の先生方にご来店いただけた店は、「銀座にクラブ多し」といえども、〝数寄屋橋〟以外にはないと思われます。

〝十二・五人〟の中で、最初にお見えになられたのは、羽田孜先生です。

オープンして間もない、一九六九年か七〇年だったと思います。羽田先生は、小沢一郎先生をお連れになり、週に二回ぐらいのペースで、お越しいただきました。羽田先生は数寄屋橋の夏・冬の〝祭り〟にも足を運んで下さり、松林宗恵監督や森村誠一先生の講話に、楽しそうに耳を傾けていらっしゃいました。

小沢・羽田両先生は、絶大な人気を誇った田中角栄先生の愛弟子で、将来のホープと言われていたのです。

田中角栄先生にお会いできたのは、徳間康快《やすよし》さん（徳間書店社長）のお祝い会の時でした。千人を超える人で会場は熱気に包まれておりました。

突然人が割れる。映画『十戒』の中で海が割れるシーンがありますが、そのような現象が起き、中から現れたのが角栄先生でした。

徳間社長は嬉しそうに角栄先生をお迎えになられ、ステージの方へご案内されます。檀上に立たれるとオーラがさらに増し、見事なご挨拶をされました。

私は徳間社長のそばに行き、「角栄先生とお話したい」と本音と冗談混じりでおねだりしたのです。

徳間社長は軽くうなづかれ、

「この娘は、俺達の仲間がよく行くクラブのママで、角さんと話したいらしいですよ」

角栄先生はニッコリされ、

「若いママだね」

「数寄屋橋の園田です」

と、おそるおそる名刺を出そうとした時にひらめきました。

「先生！　うちの店に小沢先生、羽田先生がいらっしゃってるんです。時々先生のことを〝おやじ〟とかおっしゃられる時がありますが、すごく愛を感じるんです。今日、それがすごーくわかりました。お会いできて光栄です」

「二人が行くのか！　じゃあ、私も機会があったら」

角栄先生は嬉しいお言葉を下さいました。先生のお姿はすぐ人波の中へ。

それからどのくらい経ったのか……。ある夜、田中角栄先生がいらっしゃったのです。目を疑いました。

（あの時のお言葉を忘れてらっしゃらなかった）

先生は、

「近くまで来たから……」

独特の角栄節も交ざり、短い時間でしたが話は盛り上がりました。お送りしますと店の前、横にＳＰの方たちが……。

今、再び田中角栄先生の本や言葉がブームになっております。お話させていただいたのは二度くらいですが、あの強烈な人間力は忘れられません。

小沢先生、羽田先生が慕われていたのもよくわかりました。

当時、テレビ雑誌で活躍されていた、政治評論家の宮川隆義先生が、若き日の小泉純一郎先生をお連れ下さいました。インテリで粋な美青年という印象が、残っております。

そして小泉先生は、数々の名言とともに、素晴らしい迫力のある総理大臣になられました。

多趣味で文学もお好きな小泉先生は、『信長の棺』で、一躍人気作家の座を射止められた加藤廣先生、いまは亡き宮尾登美子先生とも、親しくされていらしたと、うかがっております。

また、九州つながりでご縁を頂いたのは、細川護熙先生と麻生太郎先生。

細川先生は、弟でいらっしゃる近衛忠煇さんとよくお越しいただきました。

麻生先生には、博多でのご縁もあり、また、親戚の方々にも大変お世話になりました。

本当に明るく気さくなお人柄で、

「この店には、さいとうたかをさんを始め、いろんな人が来るから、怖いんだよなあ」

などと、楽しい冗談をおっしゃって、周囲を笑顔で包んで下さいます。

〝クラブ数寄屋橋〟へ、総理大臣ご経験者がお越しになられたきっかけは様々です。

当時『政界』という雑誌があり、政界出版社が、二ヶ月に一度、福田赳夫先生、海部俊樹先生、橋本龍太郎先生、森喜朗先生をはじめとした大物政治家を招いて、勉強会と懇親会を行っていました。私は店の女性と共に、ヒルトンホテルで行われる懇親会へ、お手伝いにうかがっていたのです。

会場がこじんまりとしていて、先生方と身近にお話しすることができ、そのままの流れで、お店にお越しいただくこともしばしば。そんなことが許される、おおらかな時代でした。

残りの〝三・五人〟の先生をご紹介下さったのは、河野一郎先生付きの番記者経験を持ち、当時テレビ朝日の専務だった三浦甲子二《きねじ》さんです。一九八〇年に開催されたモスクワオリンピックの独占放映権を、NHKではなくテレビ朝日で獲得された、

福田赳夫先生(サンデー毎日 1990年2月18日号)

「テレ朝の天皇」と呼ばれる強烈な方でした。私のヘアピースを取ったりして、悪ふざけばかりしているくせに、時々、「俺が電話すると、時の総理だって来るんだぞ」なんて、大きなことばかりおっしゃっていたのですが、私は本当のこととは信じられず、生意気な憎まれ口ばかり叩いていたのです。

ある夜のこと、甲子二の〝お父さん〟が、オーラを持った、背の高いきりっとしたお顔立ちの紳士と一緒に、店に入って来られました。何と中曽根康弘先生のお姿だったのです。私は入口まで走って行きご挨拶すると、中曽根先生は、ニッコリと微笑まれました。

すると甲子二のお父さんが横から、

「コラッ！　俺が連れてきたんだぞ。俺には挨拶がないのか？」

「ごめんなさい！　中曽根先生に気をとられて、キネジのお父さんに気づかなかった！」

若かった私は、本当に甲子二の〝お父さん〟に甘え、可愛がってもらっていたんですね。

そんな失礼な私のために、その後も甲子二の〝お父さん〟は、竹下登先生、そして宮澤喜一先生を、〝数寄屋橋〟にお連れ下さったのです。私は心の底から感謝しつつも、

会うといつでも、甘えてケンカばかり。そしてこともあろうに、

「さすがの〝お父さん〟も、現職の総理は連れて来られないでしょ?」

などと、挑発的な言葉を口にしてしまったのです。

すると〝お父さん〟は、

「ちょっと待て!」

と、真剣な顔で店の男性スタッフを呼び、電話器を持って来させると、どこかへかけていらっしゃいました。その方としばらくお話しされ、私に
「ホラ、出ろ!」

なんのことか理解できないまま、通話の向こうの相手にご挨拶をしました。

「もしもし、〝クラブ数寄屋橋〟の静香です」

すると、

「ママさんですね。大平です」

「ええっ? 大平って……総理の?」

当時の内閣総理大臣、大平正芳先生のお声ではありませんか! 息が止まるくらいビックリし、慌てて受話器をお父さんへお返ししました。頭が混乱していたせいで、甲子二さんが電話をお切りになってから、また愚かなことを言ってしまったのです。

「お父さん。大平先生、『あー』、とか『うー』とかおっしゃらなかったですね」
「バカッ！　大平さんは、ズバ抜けて頭の切れる人なんだ。相手から難題を突きつけられた時に、『アー』とか『ウー』で間をとったりするのは、一種のパフォーマンスなんだよ」

叱られてしまいましたが、その時の〝お父さん〟は、いつになく優しい顔でした。

私はそれ以来、〝お父さん〟に駄々をこねたり、ケンカを売ることを止めました。するとかえって、「どうしたんだ。元気ないじゃないか」とからかわれることもしばしば。お会いできなくなって、時を経た今、三浦甲子二さんの偉大さ、凄さ、素晴らしさが、身に強く滲み入ってくるのです。

大平先生はお電話だけでしたので、一人と数えるわけにはいきません。それで、〇・五人としたのです。

一、二回のご来店を数に含んでいるとはいえ、これだけ多くの総理大臣ご経験者にお越しいただいた……、私自身も信じられないような数字だと思います。銀座の〝いろは〟も知らなかった素人同然の私が右も左も分らずに作った小さなお店に、一体どうしてこんな奇跡が起こり得たのでしょうか？

一番の理由は、お客様のお力添えです。番記者、三浦甲子二さんのお話を挙げるまでもなく、お客様がお客様を呼んで下さらなかったら、こんな奇跡は、絶対に起こりません。

もう一つの大きな理由があります。それは〝文化の力〟です。

この店に、作家の先生方や文化人の方々が足を運んで下さったことで、〝文壇バー〟という名称をいただきました。その〝文壇バー〟に集われたお客様達の〝文化の力〟こそが、政治家の先生方や、経済界の方々、スポーツ・芸能界、数々の素晴らしい方々とのご縁を結んでくれたのです。

〝文化〟の前には、職業も地位も関係がありません。裃《かみしも》を脱いで語り合える空間、〝クラブ数寄屋橋〟を、たくさんのお客様が愛して下さったからこそ、この奇跡は起こり得た、そう確信しております。

小松左京先生と『日本沈没』

小松左京先生は、どこでお会いしても、優しくて、福々しい笑顔を絶やさない方でした。ですが、〝クラブ数寄屋橋〟では、二〜三度だけしか、席につかれることはありませんでした。なぜか、先生がお見えになられる時は、いつも超満員なのです。〝席作りの静香〟という異名を取ったほど、お座りいただく空間をつくるのは上手かったのですが、どうしようもできないくらい、ぎっしりでした。「ちょっと待っていて下さい、先生」とお引き留めしたところで、かえって失礼になってしまう状態でしたので、毎回、「ごめんなさい、先生って福の神なんですね」などと、お詫びを。

それが三回位続いてしまい、なんとなく店とは疎遠になってしまったのです。それでもパーティでお会いすると、反対に「ママのところは繁盛しているね」と優しく包

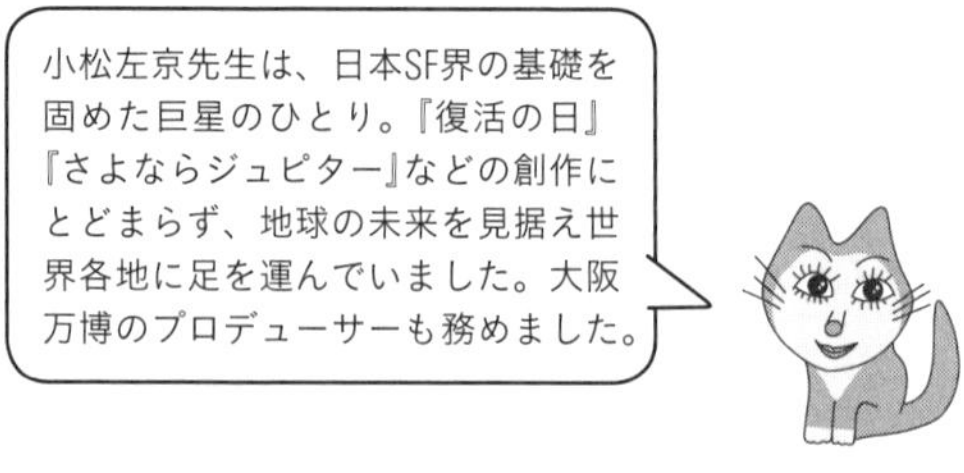
小松左京先生は、日本SF界の基礎を固めた巨星のひとり。『復活の日』『さよならジュピター』などの創作にとどまらず、地球の未来を見据え世界各地に足を運んでいました。大阪万博のプロデューサーも務めました。

み込んで下さいました。

数々のベストセラーを続々と世に出された小松先生ですが、代表作といったら、なんといっても『日本沈没』でしょう。

一九七三年に出版されたこの小説は、大阪万博が終わり、高度経済成長に陰りが見え始めた時代にぴたりとはまり、上下巻で四百万部近く売れるという偉業を打ち立てました。映画やテレビドラマも並行して公開され、空前のブームを巻き起こしたのです。日本列島が太平洋の底に沈んでしまうというのですから、私たちにも、衝撃的でした。

大重版が続いて、「あとは税金になるだけだから止めてくれ。来年にしてくれ」と、出版社に頼んでも聞いてもらえず、「オイルショックになって、紙がなくなって、やっと止まった」と、冗談交じりでおっしゃっていたそうです。

昨今、日本では大きな震災が続き、小松先生が小説の中で描いた場面が現実になっているようです。私の故郷の熊本でも、大地震が起き、大きな被害が出ています。

一九九五年の阪神・淡路大震災では、先生ご自身も被災し、特に阪神高速道路の高架が横倒しになった映像を目の当たりにして、大変なショックを受けておられました。

自分が想像した光景が、特撮ではなく、現実に起きてしまったのです。しばらくは、家から外へ出られないほどだったそうです。

晩年は、車椅子でパーティにいらっしゃっていました。

会場でお逢いしますと、

「ゆっくりママのところで話したかったのだがね」

福々しいお顔、優しい表情で、おっしゃっていただきました。

『日本沈没』第三部は、一緒に宇宙へ持っていってしまわれましたが、小松先生は、日本経済の地盤が盤石でないことにも、警鐘を鳴らしていたのかもしれません。

第五章

試練の時と数寄屋橋の『守護神』

夢の後の試練

「あなたは、なんで、銀座でクラブをやっているの？　どうして、店を続けていられるの？」

少し前までの私が、もし誰かにそう聞かれたら、迷わず、こう答えていたでしょう。

「何故って……、こんな楽しいことを止められる訳がないじゃないですか？」

それまでの私は、本当の意味での〝苦労〟を知りませんでした。奇跡のような風に乗って、〝神様〟のような方たちのお力添えを受け、夢を掴ませてもらい、そして愚かにもそれを当たり前と思いながら、突っ走っていただけだったのです。

そんな私にも大きな試練の時代が訪れます。そして、自分がいかに小さく、弱い存在であるかを、思い知ることになるのです。

一九九一年に顕在化したという「バブルの崩壊」。その時期私は、知人の保証倒れに遭い、八桁を超える負債を抱えてしまいました。勉強不足から、どのように動けばよいか分からず、銀行に相談しても、「あと二年間、回す資金があれば、必ず時代が変わるから」と、根拠のない説明をされ、その言葉を信じ営業していました。結果、傷口は深くなる一方で、銀行から勧められた株も大損、大切にしていた資産が一つ一つ消えていき、それまで順風満帆に生きさせてもらっていた私にとって、経済面で本当に深刻な不安を感じたのは、実は初めてのことでした。

それでも、〝クラブ数寄屋橋〟は、まだマシな方だったのかもしれません。バブル崩壊によりお客様の数が激減した結果、それまで全盛を極めていた〝高級クラブ〟でも、ネオンを消す店が続出し、〝文壇バー〟の輝きにも、陰りが見え始めたのです。

銀座の街で倒れていったのは、〝高級クラブ〟だけではありません。不動産価格全体が、つるべ落としに暴落していく中、〝クラブ数寄屋橋〟が入居していたビルも、倒産してしまいました。

二〇〇四年に、突然、裁判所から、「七月二十二日が競売日、その日を過ぎると対抗できなくなる」という最悪の立ち退き命令を受けることになったのです。

出ていきたくない店も、数百万の移転費用で一軒、また一軒と……。そして、なぜかそのタイミングに、「数寄屋橋が閉店した」とか「たちの悪い人達に追われている」など根も葉もない悪い噂が広がりました。

なぜ、こんな時に……と思いながら、私を支えてくれている黒木、沖田、女性スタッフに心配をかけないよう、作り笑顔で……。

店が見つかるまで今の店にいようと決心したのですが、心の痛みと不安が日に日に……。それに追い打ちをかけるような最大の悲劇が私を襲ったのです。

出掛ける時、笑顔で「シカチャン、行ってらっしゃい」と手を振ってくれた最愛の母の死――。

母が倒れて救急車で……と知らされた私は、そのまま広尾病院に飛んで行きました。

病室に入り母にしがみつくと、眠るように息を引き取りました。

「お母さん、お母さん」

大きな声で泣きじゃくりました。そばにいた父が、

「静香を待っていたんだよ、母さんは」

愛する人を亡くした父の姿に果てることのない涙が。

「静香！　父さんと司（弟）を頼むよ。母さんはいつもシカチャンの側にいるから……ね」

母の心の声を聞いたような気がして、再度母の顔を。ピンクの唇、本当に美しい笑顔で、愛に包まれた生涯を終えたのです。

母が常に言っていた私への言葉、今でも守り続けております。

その後も、リーマンショックや、東日本大震災が、夜の銀座の街を覆い、何とか生き延びていた〝文壇バー〟のみならず、他のクラブ、いろいろな店も、壊滅的といってもいい痛手を被ってしまうのです。

最悪の試練の時代に、〝クラブ数寄屋橋〟を、私を、助けてくださった方々、そして何十年と支え続けてくれているスタッフ、その方々のお陰で、今日まで店を続けることができているのです。そして一番苦しかった試練の中で、大切なものを見つけたような気がします。

夏の終わりの電話

山村美紗先生

　一九九六年の夏の終わりのこと、お店に入った一本の電話。

「もしもし、西村ですが……」

　受話器を取った店長の沖田は、

「西村さん？　失礼ですけど、どちらの西村さんでしょうか？」

「西村京太郎です」

「失礼いたしました！」

　お名前を聞き慌てた沖田は、電話の向こうの先生に向かって何度も頭を下げたそうです。

「実は、（山村）美紗さんからママに、帝国ホテルのスイートを一ヶ月予約《と》ってもらいたいと頼まれたんだよ！　頼んでくれないかなあ」

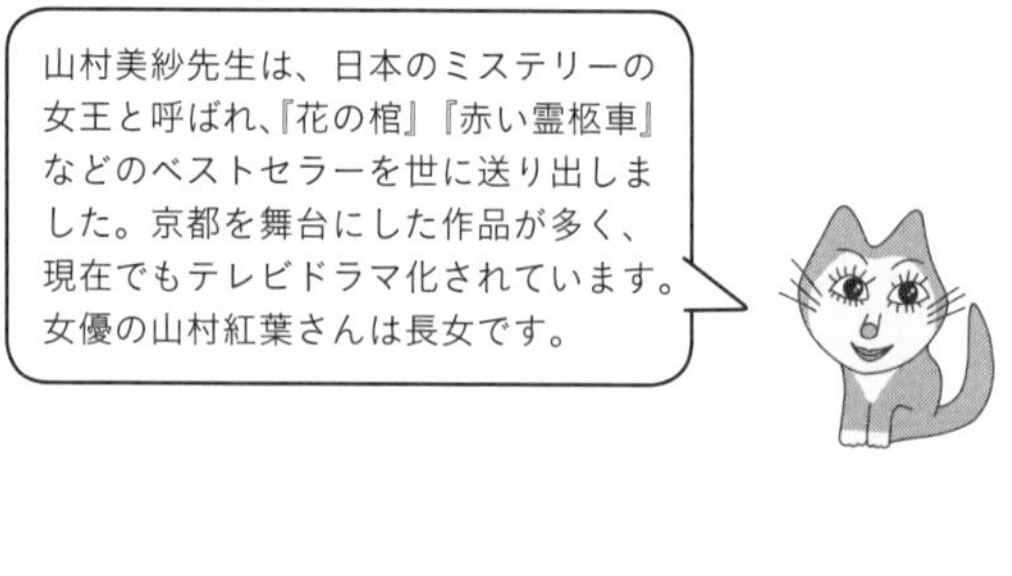
山村美紗先生は、日本のミステリーの女王と呼ばれ、『花の棺』『赤い霊柩車』などのベストセラーを世に送り出しました。京都を舞台にした作品が多く、現在でもテレビドラマ化されています。女優の山村紅葉さんは長女です。

沖田は直立不動のまま、

「わかりました、ママに伝えます」

伝言を聞いた私は、すぐ帝国ホテルの知人に電話し、その旨を伝えました。

一ヶ月間、それもスイートの部屋をおさえるという事は、易しいようで難しいのです。一ヶ月の間には大抵何日間か予約が入ってしまっているから。

依頼を受けた帝国ホテルの知人は、

「わかりました。ちょっとお時間を下さい。期待に添えるように努力いたします」

「よろしくお願いします」

二日後、ホテルから、「ご用意が出来ました」と嬉しい報告が。

京太郎先生にそれを伝えると、

「ありがとう、ママ」

先生のにこやかなお顔が目に浮かびました。

美紗先生がホテルに入られた翌日、ご本人から電話があり、

「ママ、ありがとう。東京で療養し、私の身体が良くなったら〝数寄屋橋〟で打ち上

げをしましょう。大勢人を集めて、ワァーっとドンチャン騒ぎで盛り上げるからね！

それに、ママにはエルメスのハンドバックをプレゼントするわ！」

「美紗先生！　そんなことより一日も早くお身体を……。お元気な美紗先生に早く会いたいです」

それからいろいろと小一時間位お話ししました。

「ちょっと疲れてきたから、また明日電話するわ。アッ、そうそう、ママ！　私に何かあったらと思い、ホテルのフロントに五百万円預けておいたから」

「何をおっしゃっているんですか。天下の山村美紗、そんな事なさらなくても。では私も店支度をはじめます。お電話ありがとうございました」

電話を切ってから、何故五百万円ものお金をフロントに預けておられるのかと気になりました。その後も、毎日電話をいただき、美紗先生との楽しいひとときを過ごさせていただいたのです。

それから一週間ほど経った頃、突如、山村美紗先生の訃報が。

山村美紗先生

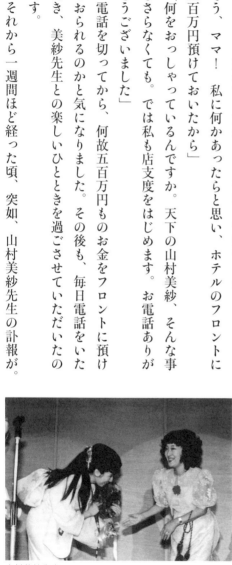

（嘘ッ！　昨日までお話してたじゃない！）

現実と受け取れないほど、ショックを受けました。同時に美紗先生の、『私に何かあったらと思い、五百万円預けておいたから』という言葉が、妙に引っかかりました。元々勘の鋭い方です。何かを予感していらっしゃったのかしら。

美紗先生との何十年もの思い出が、走馬燈の様に脳裏を駆け巡りました。

美紗先生、数十年前、よく手を繋いでパーティー会場を歩きましたね。編集者の方々と一緒に京都に呼んでいただいたり、お嬢ちゃん（山村紅葉さん）の初舞台にもご一緒させていただきました。本当に楽しかったです。

西村京太郎先生とご一緒に、数十名の編集者の方々とお越しになられ、華やかにそつなく振る舞われるお姿、目に焼き付いております。

ミステリーの女王とも呼ばれ、栄光の階段を華やかに昇られていた美紗先生が、もうこの世界にいないなんて、信じられない。いえ、信じたくない。

美紗先生！　〝クラブ数寄屋橋〟は五十周年を迎えます。この半世紀を通しても、電話だったとはいえ、亡くなる前日まで毎日お話をさせていただいた作家の先生は、美紗先生だけです。私にとって、そのような方は、おそらく最初で最後だと思います。

〝死神〟に憑かれた夜

藤田小女姫《こととめ》さん

七夕が誕生日の藤田小女姫さん。幼少の頃から予知能力の強さで名を馳せ、政財界にも広く人脈を作られた著名な霊能者でした。彼女のマンション（元三船プロの跡地に立ったビル）でのパーティーに招待され、早乙女貢先生、私、久美子（〝数寄屋橋〟のスタッフ）の三人でうかがいました。

ワンフロア全て、小女姫さんのお住まいで、その広さ豪華さに圧倒されながら、恐る恐るドアを開けると、大きなリビングに案内されました。カラフルなふかふかのソファーには、三船敏郎夫妻、野村克也監督（当時ヤクルト監督）、はじめ各界の大物ゲストがお座りになっています。

「さすが」と思いながらしばらくはそこに座っていましたが、小女姫さんのお住まいに興味が出て、早乙女先生、久美子と共に探検家になった気分で、別の部屋へ入っていきました。その部屋で一番に目に付いたのが、今までに見たこともないような大きな神棚。

何もわからない私たちは、真剣に二礼二拍一礼で拝みました。小一時間位お邪魔して、早乙女先生が「そろそろ……」とおっしゃったので、〝お姉ちゃん〟(藤田小女姫さんをそう呼ばせていただいておりました。時には信者の方から白い目で見られることも)に、「今日はありがとうございました。こんな豪邸で素晴らしいものも見せていただきとても楽しかったです。お料理も美味しかった―」

ふと横を見ると、早乙女先生は他の誰かと話をされていたので、私は「先生、お姉ちゃんに挨拶して帰りますよ」と着流しの袖を引きました。

お姉ちゃんは先生の会釈にこたえるように「早乙女先生、今日はよくお越しいただいて」

「さすが藤田さん、お料理は全部椿山荘からですってね。おいしいはずだ。ゆっくり堪能させていただきました。ではまた、〝数寄屋橋〟で会いましょう」

先生は、人なつっこい笑顔で頭を下げられその場を。

帰りの車の中で、

「ママ、あの神棚、何の神様を祭ってあるか知ってる？」

天照大神？　大日如来？　観音様？　私と久美子は知ってる限りの神仏の名前を並べましたが、先生は、

「はっはっは！」と軽く流し、「あれは藤田小女姫大明神なんだよ」と。

「先生、何で知ってるの？」

「さっきママ達が話しているとき、側にいた人に聞いたんだよ。大変な信者らしく霊験あらたかな大明神だと教えてくれたよ」

「じゃあ、私達はお姉ちゃんにお参りしてきたのね」

私が複雑な気持ちでいると、久美子がフォローしてくれました。

「ママ、どんな神様にだって、お参りすることは良いことですよ」

その言葉のお陰で、その日は明るい気持ちで出勤出来ました。


それから十数年後の十一月のことです。

〝お姉ちゃん〟は、めずらしく真っ直ぐに歩けないほどお酒に酔った状態で、〝クラブ数寄屋橋〟にいらっしゃいました。そして何回も大きな声で、

「ママのパワーをちょうだい！」

と叫ぶのです。店内にいた人達の視線が、いっせいに小女姫さんの方へ。

「お姉ちゃん、何があったの？　こんなに酔って」

小女姫さんは、驚く私の手を握って、「ママの〝パワー〟をちょうだい！」と。

「何をおっしゃるんですか？　お姉ちゃんの方がずっと強い〝パワー〟を持っているに決まってるじゃありませんか！」

「〝死神〟が、〝死神〟が憑いているのよ。今、その〝死神〟がここに来るから見て！お願い！」

私の声には耳も貸さず、痛くなるほど強く手を握ってくるその姿は異様ではありましたが、私は努めて自分の心を落ち着かせようとしました。

「今から、その死神が来るんですね？」

そう聞いた直後、入り口の方から「いらっしゃいませ」とスタッフの声が。

〝お姉ちゃん〟が〝死神〟と呼んだ人は、彼女の秘書兼ドライバーをしていらっしゃる普通の女性でした。私はその人をお迎えし、お席へ。

ご挨拶してから、〝お姉ちゃん〟のほうに目を向けると、彼女はもう、さっきとは打って変わったように、いつもの〝藤田小女姫〟の姿に戻っていました。

その年の十一月と十二月にも、同じような事が二、三回起こりました。

あれだけの方ですから、何かを感じていたのでしょう。でも凡人の私たちから見たら、彼女は普通の女性にしか見えませんでした。

翌年の一月、帝国ホテルで開催された国会タイムスのパーティーで、私は、帽子から靴まで全て真っ黒な衣装を身に纏った〝お姉ちゃん〟にお会いしたのです。〝お姉ちゃん〟は華やか色がお好きな方のはずなのに、どうしてここまで黒を？　心の中に不安が募りはじめました。

私は小走りで近づきご挨拶を。

「お姉ちゃんおめでとうございます。今年もよろしくおねがいします」

「おめでとう、私こそ……」

話が続かないのです。私は思いきって、

「パーティの後、お仕事かお約束はあるんですか？　もしお時間ができたら寄って下さい」

と伝えると、笑顔を残してその場を離れました。

夜八時近くになり、お客様の数も段々少なくなったので、私は、久美子をはじめ若い子達に合図を入れて帰店しました。

その夜の十一時近く、〝お姉ちゃん〟は男性二人を連れ、店にお越しになりました。

「わあ、〝お姉ちゃん〟、来て下さったのね！」

小女姫さんの服装は、会場でお会いしたままの黒いドレスでしたが、あの時よりもちょっとだけ表情が明るくなっていらして、「ママの〝パワー〟をたくさんもらわなくてはね」と。

私は昨年からの件がまだ続いているのか気になり、「出来るだけその席にいよう」と久美子に耳打ちしました。ですが、他のお客様もいらっしゃるので、ずっとついているわけにもいきません。時々側を通ると、〝お姉ちゃん〟たちの会話が嫌でも耳に入ります。

「私行きたくないの……」

〝お姉ちゃん〟の声です。男性の方は、抑え気味に話しをしていらっしゃいます。

私はつい、話に割り込んでしまいました。

「お姉ちゃん、どこに行きたくないの⁉」

「ハワイよ」と即座に。

「お姉ちゃん、行きたくなかったら行かなきゃいいじゃない⁉」

思わず差し出がましいことを言ってしまいました。

「そうねえ、行かなきゃいいのよねえ……」

遠い所を見るような表情が、記憶に残っています。それがお姉ちゃん、いえ大霊能者、藤田小女姫先生との最後の時間となってしまいました。

あのハワイでの惨劇、『藤田小女姫殺害事件』が、テレビ・新聞で全国に報道されたのは、そのわずか一、二ヶ月後の一九九四年二月のことです。

（どうして！〝お姉ちゃん〟、こうなることがわかっていたの！）

今は亡き人となってしまった〝お姉ちゃん〟に、心の中で問い掛けました。

それから二、三週間後のことだったと思います。何かの週刊誌に書かれていた藤田小女姫さんの手記が、無意識に、いきなり、私の目に飛び込んできたのです。

〝私達は自然の流れに逆らってはいけない。もし逆らっても結果は同じ。自然の流れに……〟

自分の目がその文章に釘付けになったことを、今でもはっきりと覚えています。

運命の旅路へ
向田邦子先生

残酷な運命の〝流れ〟という言葉で思い出すのは向田邦子先生との思い出です。

一九六〇年代中盤から七〇年代にかけて、テレビドラマの中心であった〝ホームドラマ〟で、その人気作品の多くの脚本を担当され、時代の寵児でもあった向田邦子先生。品があって美しく、大きなお屋敷の奥様という感じの大作家でした。

たくさんの映画、テレビ番組の脚本を書かれていた先生は、打ち合わせその他でも〝クラブ数寄屋橋〟へよくお越しいただいておりました。

向田先生が、台湾に取材旅行へ行かれると決められたのも〝運命の流れ〟なのでしょうか。

ある夜、先生はパーティーの帰りに〝クラブ数寄屋橋〟に立ち寄られ、楽しそうに台湾取材の計画を、私に話して下さったのです。

「台湾ですか、私も行ってみたいわ。いいなあ、故宮博物館なんか魅力を感じるわ」

すると、先生はさらりと心地よく、「ご一緒してもいいですよ」と。

向田節に乗せられ、社交辞令とは知りながらも、本当に行きたい気持ちになりました。


その数日後の一九八一年八月二十二日、あの無残な事故が起こりました。テレビ、新聞での報道を目にした私は、愕然として声が出なくなり、放心状態のまま、スタッフとの連絡もできませんでした。

「ご一緒しましょう」と、お誘いいただいた、先生のお優しい姿が頭から離れず、現実を受け入れるまでには、長い時間がかかりました。

もし私が未来を知る能力を持っていたなら、先生の足にしがみついてでも、〝運命の旅路〟に向かうことをお止めしたのに……、そう思わずにはいられないのです。

「舞台から下りてはいけない」

母の遺言

私の母はとても魅力的な踊り手でした。自分の母のことを、こんな風に書くのもおかしいと思われるのを承知で書かせていただきます。母は、私が生涯を掛けて追いつき追い越したいと思う、たった一人の師匠なのです。

私は子供の頃から舞台に上がらせてもらっていましたから、ある程度の年齢になった時にはそれなりに踊れる自負がありました。それでもなぜか、母の後にだけは、舞台に上がりたくなかったのです。

その謎が解けたのは、〝クラブ数寄屋橋〟を開いて数年後のことです。店の〝祭り〟で、私なりに歌と踊りのショーをお客様に見ていただき、それなりの評価をいただいておりました。あるとき、お客様からディナーショーへの出演依頼があり、プロの方たちと一緒の舞台に上がれることに興奮した私は、早速母に報告しますと、予想に反して母は、「断ったんでしょうね！」と私は目を丸くして首を横に振りました。

「引き受けたと？　本当に引き受けたと？　断れんとね？」

私が頷くと、

「今のあんたの踊りでは恥をかくだけたい」

翌日から猛特訓が始まりました。目線、背筋、腰の落とし方、間合いの取り方……、怒鳴られても、ぶたれても、母の取る間合い、ポーズができません。鏡を見ながら、繰り返し繰り返し練習し、やっと近づいてきたと思い、別室に引き込んでいた母を呼ぶと、厳しい口調で、

「じゃあ最初から踊んなっせ」

あらためて知らされた、自分の未熟さと悔しさが交錯し、踊りながら、抑えきれない感情が込み上げ、瞬間の表情、ポーズ、手に持つ傘、全てにぶつけました。

「そう！　その顔！　そのタイミング！　その間合い！」

拍手。鋭い声とともに母の表情が一変し、いつもの優しい表情に。

「静香、よく覚えときなっせ、そのコツを。プロは見せ場を知っとる。素人が競うには、一生懸命さと自分にしかできない見せ場を持つしかなかとよ」

もやの中に芸道の一筋の光が、かすかに見えたような気がしました。

私が私なりに、今でも踊り続けていられるのも、母が私に魅せるコツを伝授してくれたからです。

そんな風に、私を愛情を込めて育ててくれた母が、二〇〇四年十一月八日、ちょうど店移転騒動の真っ只中に、八十歳で急逝したのです。葬儀は身内だけでひっそりと執り行いました。

押しつぶされそうな悲しみの中、小さな奇跡が……。それまで見つからなかった移転先の店が、母が他界した十日後に見つかったのです。しかも移転にどうしても足りなかった金額を、母の保険金で……。

私には、

「この店は母が見つけてくれたんだ」

と思えてなりません。

母は、新しい店だけでなく、もう一つ、私に大切なものを残してくれました。それは、

「一度、舞台に上がったら何があっても決して途中で下りてはいけない」

という言葉です。

本当に苦しい時期でしたが、

「静香、今がその時よ。銀座はあなたの舞台でしょ」

そう母が語りかけてくれている気がして、私は母の月命日の十二月八日を旧店最終日に、翌日を新店開店日にすることに決めました。

店の移転にもかかわらず、一日も休まずに営業を続けたのです。それは今でも語り草になっています。銀座ではありえない強行軍でしたから。

「静香よくやったね！　母さんはいつも静香のそばにいるよ」

その証を示すかのように、母の好きだった庭の梅の木に不思議なことが起こりました。

十二月中頃だというのに、ふと庭を見ると、何とそこには梅の花が満開に咲いていたのです。その時改めて、母はいつも私のそばにいると確信しました。母の愛を感じた瞬間でもありました。

立ち退き前夜に吹いた〝神風〟

一九六七年のオープン以来、三十七年の間、銀座六丁目でお客様をお迎えし続けてきた〝クラブ数寄屋橋〟が、入居していたビルの倒産で移転を余儀なくされました。

通告されたのが五月末で七月二十二日が競売日。それまでに退出しなければ、対抗できなくなるという厳しいものでした。

どうしよう……。七月二十二、二十三、二十四日は、〝数寄屋橋〟の〝夏祭り〟。そのタイミングでビルを出るわけにもいかず、ビルを出たところで移る先もなく……、困りました。古くから私を助けてくれているスタッフたちに相談し、まずは〝夏祭り〟を成功させよう、それから考えよう、そう決めました。

ですが、競売日を過ぎたら、いつ追い出されるか分からない。同じビルの他の店は、一軒また一軒と出て行き、夏祭りの日、七月二十二日には、うちの店一軒だけになってしまいました。

不安でした。でも不安な心を私が出せば、皆が不安になります。そして何より、お客様に楽しんでいただくことができなくなる、そう思い、夏祭りの三日間は、なんとか笑顔で乗り切ることができました。

しかし、明日の見えないつらさ、ありもしない土足で踏みにじられるような噂、そんなものに心を振り回され、笑顔にも限界がきていました。

私は、現実に起こっている本当のことを素直に、お客様全員に手紙でお伝えしたのです。その時の手紙がこれです。

謹啓

行く夏を　数寄屋橋と共に　語り種《ぐさ》

記録的な暑さも銀座の歴史を語る風物でございます。

貴方様には、益々ご健勝の事とお慶び申し上げます。日頃のご贔屓を深く感謝致しますと同時に心残りのお報らせがございます。

実は、この度突然思いもかけなかったビルの競売という激震に見舞われ、皆様にご愛顧いただきました今の場所から立ち退かなければならなくなりました。

このお店は、貴方様、皆様のお疲れを癒やすオアシスであると共に、私どもスタッフの志と生涯の夢をかけた拠点でございます。

数寄屋橋の古い壁面には、旅人の宿駅のように立ち寄られた皆様の歴史が染みついております。

この三十七年の思い出の場所から移りますことは、私どもにとって悲しくショッキングな出来事ではございますが、これを第二のスタートラインといたしまして新数寄屋橋を貴方様との新たな思い出づくりに取り組んでいきたいと思っております。

移転先は、まだ決まっておりませんが、夢を背負った旅人たちの楽しく溌剌としましたオアシスといたしまして新数寄屋橋を近い将来ご案内できると思っております。

銀座は人生の郷愁の街、そして数寄屋橋は貴方様とご一緒にいつも輝いているお店でありたいと願っております。

これまでのご厚情を感謝致しまして、今後も相変らぬおひきたてをいただきますよう心よりお願い申し上げますとともに貴方様の益々のご活躍をお祈りいたします。お近い日にお逢い出来ます事を楽しみにいたしております。

かしこ

平成十六年九月吉日
園田　静香

客《ひと》去りて　夜更けの店に　独り居ぬ
思い出滲む　壁と語りて

神風が吹きました。

手紙を読まれた週刊誌が、すぐに記事にして下さり、新聞やテレビでも取り上げていただき、ラジオでの青島幸男先生との対談も実現しました。そして、渡辺淳一先生、

1991年（平成3年）11月5日 火曜日

人間ひろば

エッセー出版の銀座マ

出会いと、

園田 静香さん

宿舎無料、農機具も貸与

北から南から

森村誠一先生、北方謙三先生、大沢在昌先生、西木正明先生、他数十名の先生方から原稿をプレゼントしていただき、『文壇バー　君の名は「数寄屋橋」』という本まで、出版させていただいたのです。

そのお陰で無事、銀座七丁目の、今の店に移転することができました。

先生方、マスコミの方々の、優しさ温かさを、これほど強く感じた事はありません。

感謝の気持ちは、今でも、深く深く心の中に大切に刻み込まれています。

文壇バー　君の名は「数寄屋橋」

渡辺淳一先生

銀座七丁目の新店舗にもやっと慣れ、楽しみながら営業ができるようになった頃の事です。

電話を取った店長から、「ママ、今から渡辺淳一先生他、七〜八名のお客様がいらっしゃいます」と報告がありました。

慌ててお席の用意をしてしばらくすると、独特の魅力ある渡辺先生のお声が聞こえてきます。

「スズカ、来たぞ。客いっぱい連れてな」

S出版の社長様他、重役、編集者の方たちでした。

社長は、「ここがあの〝数寄屋橋〟ですか」と店内を一通り見回されました。

前の店は歴史があったので、というか、余りにも古くなっていたものですから、驚

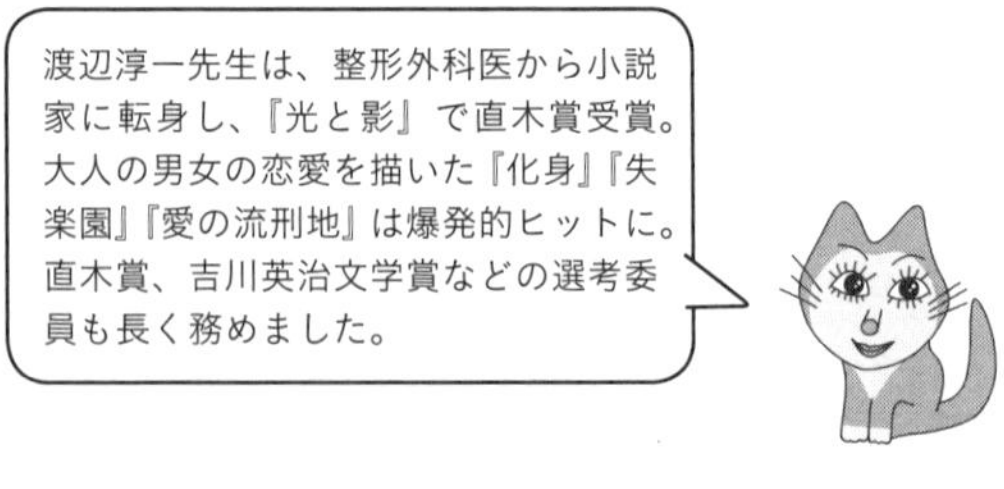
渡辺淳一先生は、整形外科医から小説家に転身し、『光と影』で直木賞受賞。大人の男女の恋愛を描いた『化身』『失楽園』『愛の流刑地』は爆発的ヒットに。直木賞、吉川英治文学賞などの選考委員も長く務めました。

いたご様子でした。

先生は大きな声で笑いながら、「社長、聞いて下さいよ！」と、わざと大袈裟に大きな声で、

渡辺淳一先生

「ここのママがですよ、オレに原稿をただで書けって言うんですよ！」

一番近くに居られた編集者の方が、

「先生に！　無料《ただ》で？」

「そうなんだよ。それで原稿が出来たんで電話したら、〝生原〟持って来いって、言うんですよ」

皆いっせいに身を乗り出し、

「それで？」

「わざわざ銀座に用事を作り、持って行きましたよ！」

「先生が直接ですか？」

「そうだよ、手渡したよ！　しかもその時の

〝お勘定〟も、ちゃーんと送ってきましたよ」

皆、大笑い。そんな事をするわけがないのですが、言えば言うほど、

「ママならやりかねないな」

「ママをウチの編集者に欲しいな」

などと、散々からかわれました。

それにしても、大作家は話を作るのが上手い！（当たり前ですけど……）

渡辺先生、社長をはじめ、皆様の愛をすごーく感じた一時《ひととき》でもありました。

文壇バー　君の名は「数寄屋橋」②

井上ひさし先生、井沢元彦先生

ビルの倒産で、銀座六丁目から七丁目へ移店。その間のトラブルの最中、大作家、若手作家の方々をはじめ、マスコミ、テレビ関係者から、言葉では言い尽くせないほどのご支援をいただきました

六十数名の大先生方（作家、漫画家、画家）からの原稿、絵のプレゼントをいただき、一冊の本『文壇バー　君の名は「数寄屋橋」』が誕生しました。

この本が誕生するまでの道程のワンシーンにこんなことが……。

何かのパーティーの最中、そばにいらっしゃった井上ひさし先生が私の顔を見て突然、「書く事決まったあ！」と、声を発せられました。

数日後、ひさし先生がご来店されました。

梅酒（先生はうちの手作りの梅酒が大好きでした）をご用意し、あらためて執筆のご依頼を。

「わかってますよ！　内容も決まっていますからね」

優しいお顔でした。

先生は常々、大変な遅筆家だとお聞きしておりましたので、失礼を省みずに、

「先生！　お忙しいのはわかっておりますが、十月十五日までにお願いいたします」

と、ちょっと早めの〆切りをお伝えしたのです。

すると、ひさし先生の原稿が〆切りどころかその数日前に届いたのです。

感謝の気持ちが全身を。その後も大先生、若手先生方の原稿が次々と届きます。本当にこれは現実なのか、ほっぺをつねってみたくなりました。

その数日後、確か文藝春秋さんのパーティだったと思いますが、元彦ちゃん（井沢元彦先生）にお会いしたのです。

「ママ、原稿遅れててゴメン。アッ、そうか、井上ひさし先生がいらっしゃるから、まだまだ大丈夫だね」

「元彦ちゃん！　ひさし先生は入稿済みですよ」

「エエッ？」

愛嬌あるオーバーアクション。数日後には井沢先生の原稿も届きました。


井上ひさし先生は、放送作家、劇作家、小説家と多岐にわたり活躍しました。『ブンとフン』『青葉繁れる』など。東北の寒村が独立する『吉里吉里人』で日本SF大賞受賞。筆が遅く、自ら「遅筆堂」を名乗ることも。

〝根源〟を超えた優しさ
南條範夫先生

作家というよりも、学者みたいなお顔立ちの南條範夫先生。それもそのはず、南條先生は戦中・戦後にかけて、様々な経済団体で辣腕を振るわれ、その後も大学で教鞭をとりながら、作家活動を続けられた方なのです。

先生の書かれた時代劇は、〝残酷もの〟と呼ばれるほど、人間の残忍な部分を描いた作品が多いのですが、それは一説には、戦時中に、ごく普通の日本人が大陸に渡った途端に残忍な行為した姿を目の当たりにしたことが、理由だと言われています。先生は、人間の〝残酷さの根源〟とは何かをつきとめ、どうしたらその〝根源〟を超え、人間が優しさと思いやりを持ち続けられるのかを、見つけようとされていたのだと思います。

『駿河城御前試合』が何回も劇画化されるなど、先生の作品が世代を超えて読み継がれているのも、ただ単に〝残酷さ〟を描いているのではない証拠だと思います。

お店にいらっしゃる時の先生のお顔は、とてもお優しくて、私を〝ママ〟というより普通の女の子、または孫のように接して下さいました。

また、奥様も先生同様にお優しい方で、お家にお電話を入れても、「静香ちゃんね」と、愛あるお声で、先生に取り次いで下さいました。


パーティでお逢いした先生を、私がお店にお誘いしようとする時、

「先生、ティーラウンジで、コーヒーご馳走するわ」

と、お声がけすると、

「ハイハイ、わかりました。その後、店へ行くんですね」

いつも先回りしてお返事を。

いつしかそれは、先生との合い言葉になっておりました。


お酒を飲まれないのに、酒店《バー》である〝クラブ数寄屋橋〟に通って下さった先生の、愛ある口癖、

南條範夫先生は、『燈台鬼』で直木賞受賞。『被虐の系譜』『残酷物語』『古城物語』で残酷ものブームを起こし、一方で、痛快な剣豪小説「月影兵庫」シリーズで人気を博しました。大学の経済学の教授でもありました。

「何か催し物をやる時は、早くやりなさいよ。私は、いつ逝ってもおかしくない年齢《とし》だからね」

そのお約束どおり、ＬＰ誕生パーティーの時もご出席下さり、にこやかに会場を包んで下さいました。

先生は、二〇〇四年十月に、九十六歳のご高齢で大往生をされました。

南條範夫先生

私は今、天国に向かって叫びます。

「南條先生、二〇一七年四月、〝クラブ数寄屋橋〟の半世紀！　五十周年記念パーティーをやります！　きっと来て下さいますよね！」

ニッコリと頷いて「ハイハイわかりました」と言って下さる、気品溢れた先生のお顔が、目に浮かびます。

約束と誠意

荒木経惟《のぶよし》（アラーキー）さん

世界的なプロ写真家であり、現代芸術家である〝アラーキー〟こと荒木経惟さん。

電通に勤務されていらっしゃる時からの常連で、お姿が似ていらっしゃることから、「菊田一夫は俺の親父だ」と、よくおっしゃっていました。

〝アラーキー〟が、NHKで「花」というシリーズを撮っていらっしゃった頃のことです。

「○月○日に花の絵柄の着物を着てきなさい」

シリーズの最後は花柄の着物を着た銀座の花……、そんなオチを考えていたのでしょう。

ところが、その当日まで、少し日が空いていたこともあり、私はその約束をコロッと失念してしまっていたのです。

当日になって、スタッフを引き連れ、店にお越しになったアラーキーを見た瞬間、

「アッ！」

それはもう大変な剣幕で怒られました。すぐに店のスタッフを自宅に走らせ、花柄の着物を取りに行かせました。アラーキーはプイッと店を出て行かれようとされたのですが、何を思われたのか「これじゃ悪いから、一杯だけ飲んでいこう」とＮＨＫの人、スタッフ六、七名着席され一杯飲まれたのですが、お怒りのまま。

届いた着物に大急ぎで着替え、スタッフみんなで銀座中の心当たりの店や通りを探しまくりましたが、もう影も形も見つけることができませんでした。

それでも私は、あきらめず、その夜中、銀座の店を駆け回っておりました。それこそ何十軒も。ですが結局、その日、アラーキーに会ってお詫びすることは出来ませんでした。

約束を破ったことは、もう取り返しがつかない。でも、自分が悪かったのだから、やれるだけのことはやろう。それが、〝アラーキー〟へ私にとっての誠意だ、そう思いました。

私はその夜の内に、「私が愚かで申し訳ない」という謝罪の手紙をしたため、ポスト

に投函しました。悩んでいるよりも、何か出来ることをしようと思ったのです。

数日後のことです。もう連絡もしていただけないのではないか、と思っていた〝アラーキー〟がお店に来て下さって、こうおっしゃったのです。

「上手そうで下手そうな字、読んだよ」

気持ちが通じた！　赦して下さったんだ！　私は嬉しさと感謝で一杯になり、感激のあまり、手を合わせて〝アラーキー〟を拝んでしまっていました。

私の愚かさを許してくれた〝アラーキー〟。約束を守る事の大切さ、そして相手への誠意とは何かを、私に教えてくれた恩人でもあるのです。

荒木経惟さん

はっぱふみふみ

大橋巨泉さん

「みじかびの　きゃぷりきとれば　すぎちょびれ　すぎかきすらの　はっぱふみふみ」

一九六九年に大橋巨泉さんが出演された、パイロット万年筆のCM。巨泉さんは、この短歌を撮影当日のアドリブで読み、収録させたのですが、それが大ヒット。「はっぱふみふみ」は、その年の流行語にもなりました。

日本初の深夜のワイドショー『11PM』や、最高視聴率四〇・八％を記録した『クイズダービー』で、不動の人気を確立された巨泉のお兄ちゃんには、本当に〝クラブ数寄屋橋〟を可愛がっていただきました。

ご自身の主催されるゴルフ大会の後や、テレビ収録の前には必ずといってよいほど、〝クラブ数寄屋橋〟にお越し下さいました。特に『11PM』の時は、テレビ局に行かれる前に、必ず〝数寄屋橋〟で漫画家の小島功先生やその他数名の方たちと、待ち合わせにお使いいただきました。

〝数寄屋橋〟では、ご指示がなくても、十時になると必ずウィスキーからウーロン茶にお飲み物を変え、十時半になると車を用意。そこからテレビ局に向かい、生放送収録、それが常でした。本当にアドリブの天才、頭のよい方だったのだと思います。『11PM』が終わると、また出演者の方たちと〝数寄屋橋〟に戻られて、くつろぎのひとときを。時には前田武彦さん、石坂浩二さん、ビートたけしさんをお連れになられることもありました。その後、私たちも仲間に入れてくれて、漫画家の園山俊二さん（『ギャートルズ』の作者）が気に入っていた赤坂のレストランバーで大騒ぎ。店を出る時には白々と夜が明けていることも度々、人を楽しませる、思いやりと優しさを持った豪快な〝お兄ちゃん〟でした。

こんなこともありました。私たちが下田の温泉へ、慰安旅行に行っていた時のことです。

スタッフ一同、お酒と四方山話で盛り上がっておりましたが、銀座と違って夜が更けるのも早く、午後十一時を過ぎる頃には、皆ちらほらと自分の部屋へ。その時です、

女の子の一人が、バタバタと自分の部屋から駆け戻ってきて、

「ママ、大変！　ウチの店が！」

「うちの店がどうかしたの？」

心配になりました。

「『11PM』に出てるんです！」

「ええ？」

突然のことで全員仰天。側にいた幸子ちゃん（私が四十年ともに働いた同志）が素早くチャンネルを合せると、驚いたことに、〝クラブ数寄屋橋〟の勘定書が、画面一杯に映し出されているではありませんか！　そして巨泉の〝お兄ちゃん〟の明るい声。

「今時こんな良心的で明朗会計な請求書を出す店があるんだよ」

映し出された請求書には、ミネラルウォーターからおつまみ一つ一つまで書き込まれていましたが、そういう明朗な請求書は、その時代にはかなり珍しいものだったようです。〝お兄ちゃん〟はその請求書を例にあげて、〝クラブ数寄屋橋〟を全国ネットで紹介して下さったのです。

伊豆にいて、テレビで〝クラブ数寄屋橋〟を見るなんて！なんとも言えない不思議な気分になるとともに、〝お兄ちゃん〟の〝数寄屋橋〟への深い愛を感じました。

二〇一六年の夏、大橋巨泉さんを偲ぶ会の案内状が届きました。九月五日、高輪ホテル。その年の〝数寄屋橋〟の〝夏祭り〟に、久し振りにお見えになられた哲っちゃん（巨泉さんの弟、大橋哲也さん）から、「兄の偲ぶ会をやるんだけど」とお話をいただいていたのです。

ご案内状を読んでいるうちに、「巨泉の〝お兄ちゃん〟はもうこの世界にはいないんだ」、とあらためて胸が締め付けられました。

ちょっと迷いましたが、明るく楽しいことの好きだった巨泉の〝お兄ちゃん〟を想い派手目の着物を選びました。時間より少し早く会場に入ると、その部屋は偲ぶ会どころか展示場になっており、華やかで懐かしい写真や、愛用された数々の品々、珍しいもの、目を奪う作品が展示されていました。

オーケーエンタープライズの現社長鈴木さんから説明をしていただき、そばにいらっしゃったフジテレビの大林さんとご一緒に献花会場に向かい、ホリプロの創業者、堀威夫さん、王貞治さん、そのほか著名人の追悼のご挨拶を拝聴しました。皆様のお話も、お兄ちゃんの意思を汲み取っていらしたのか、ユーモアと敬愛の込められた素晴らしい内容でした。

順番で献花を済ませ、出口にいらっしゃった巨泉さんの奥様、哲っちゃん、哲っち

ゃんの奥様の三人に頭を下げますと、初めてお会いした奥様から、

「キャー！」

と、愛あるアクション。ほのぼのと私を包み込んで下さいました。何と明るくて素晴らしいご家族なんだろう、心からそう思いました。

懇親会では、巨泉の〝お兄ちゃん〟と親しかった各界の著名人達五、六百人が、場内一杯に十五、六のテーブルに別れて座りました。そして流れる、大スター巨泉のお兄ちゃんの若いころからの映像。

「みじかびの　きゃぷりきとれば　すぎちょびれ　すぎかきすらの　はっぱふみふみ」

万年筆を持ってニッコリと笑う〝お兄ちゃん〟の姿が、スクリーン一杯に映し出されていました。

病に倒れ、なかなかお逢いできなくなっても、いつも身近にいて下さったような、楽しい、明るいことがお好きだった巨泉の〝お兄ちゃん〟。〝お兄ちゃん〟を見習って、私も、ずっと明るく生きていくことを誓います。

女神のバレエ

桐野夏生先生

「あれが……〝舞台〟なの？」

直木賞受賞者であり、現在の選考委員でいらっしゃる大女流作家、桐野夏生先生。ある夏の晩、直木賞選考日に〝クラブ数寄屋橋〟にお見えになられた桐野先生は、店のカウンターの脇に作られた〝それ〟を指さして、尋ねられました。

ほんの一瞬、私は言葉を詰まらせました。〝舞台〟といっても、それは約二《メートル》四方、高さ三十《センチ》ほどの手作りの、世界一小さくてささやかな、〝舞台〟だったのです。誇りを持っているとはいえ、改めて尋ねられると、内心戸惑いを覚えてしまったのです。

桐野先生は席をスッとお立ちになり、舞台の上へ……。こちらを向かれると、笑顔でこうおっしゃいました。

「ママ、私もクラシックをやってたのよ」

そしてバレエのポーズを披露して下さったのです。

バランスの良い容姿に、長い髪と端正なお顔、何よりもそれを際立たせる凜として美しい姿勢。まるでギリシャ神話の女神のよう……。〝舞台〟がどこか別の空間になったように感じる刹那《せつな》の刻。桐野先生のポーズに私は息を飲みました。物心付く前に母に踊りを教わり、今も踊りを限りなく愛している私だから理解出来たというわけではありませんが、その一瞬に、桐野先生の美しさの神髄を見た気がしたのです。

踊りには型がありますが、それ以前に、〝踊り〟とは心の形を身体で表現したものです。どんなに美しい〝型〟を覚えても、それに〝心〟が伴わなければ、目利きには、通用しない踊りになります。いくら凜としたポーズをとっても、凜とした心が伴わなければ、それを表現できません。ですがその〝女神のポーズ〟には、容姿と心と姿勢が一つになった美しさが宿っていました。

桐野先生の作品には、単に綺麗なだけの女性は登場しないように思います。どの女性も皆、心の闇や深い傷、どうしようもないほど切なくて悲しい孤独を抱えている。でもそんな〝型〟の中に何かの美しさが描かれている、そんな風に感じております。

日本を代表する大女優作家、桐野夏生先生、これからもいつまでもお美しく、そしてまたいつか、〝数寄屋橋の舞台〟で〝女神のポーズ〟を見せて下さい。

たくさんの〝素敵さ〟

林 真理子先生

たくさんの〝素敵さ〟をお持ちでいらっしゃる大作家、林真理子先生。直木賞をお取りになられる以前から、渡辺淳一先生と私の会話が面白いとおっしゃって、他の作家の先生方や編集者の方たちと、〝クラブ数寄屋橋〟へよくお見えになられていました。〝面白い会話〟というのは、渡辺先生と私との〝夫婦ごっこ〟のことです。

「スズカ、今夜のオカズは何がいいか?」

「昨夜の残りでいいわ!」

「スズカ、今夜は早く帰って来いよ。風呂は四十二度でいいか?」

「ズンタン、もうちょっと熱くして! そうね、四十四度位」

渡辺先生は私の名前〝静香〟をわざと訛らせ、「スズカ」と呼んでいらっしゃったのです。私の方も〝淳一さん〟を訛らせて、「ズンタン」と。

文壇の大御所でいらっしゃるのに、優しさとユーモア溢れる渡辺先生に連られて、まわりの方々からも笑いが起こり、和やかな雰囲気にお席が包まれました。

楽しい時間をご一緒させていただいた後は、まず全員で渡辺先生のお見送り。それから、真理子先生をお送りするお車のドアが開かれます。真理子先生は、編集者の方たちにキリッとした言葉をかけられ、お車の中へ。まだ幼さが漂っていらっしゃったその頃のお姿、目に焼き付いています。

その後、『最終便に間に合えば』『京都まで』で直木賞を受賞された真理子先生。その後も、数多くの小説やエッセイで大ヒット作をお出しになり、また様々なメディアで以前にも増してご活躍され、その間にご結婚、ご出産と、ますます多彩なたくさんの〝素敵さ〟を発揮され続けてこられました。

お会いして早何十年、今では直木賞をはじめ数々の賞の選考委員を務める大作家に。

確か、青山文平先生が『つまをめとらば』で第百五十四回直木賞を受賞された時のことです。選考委員を代表して、真理子先生が壇上で選考結果を述べられました。

真理子先生は髪を少しカールされ、洒落た着物を着こなされて、美しさと可愛さが会場を魅了していました。今や女性として文壇の中心的存在になられているのです。

なんという素晴らしい年輪の重ね方でしょう。会場の遠くの方から、お姿を見ていた私の心の中で、初めてお会いした頃と現在の真理子先生の姿が重なり、本当に幸せな気持ちになりました。二〇一八年の大河ドラマが、真理子先生原作の『西郷どん』に決定し、その輝きはますます……。

真理子先生が書かれたエッセイの中に、特に私が大好きな言葉があります。

『したことの後悔は、日に日に小さくすることができる。していないことの後悔は、日に日に大きくなる』

人生を一歩前に踏み出すための、勇気をいただける言葉です。

思い切って何かをする勇気、それこそが一人一人の中に眠る、たくさんの〝素敵さ〟の可能性を花開かせる力なのだと、私は思います。老いも若きも男も女も同じこと、日々の生活の中で私たちは、決してそれを忘れてはいけないのです。

もしも、その勇気を忘れかけてしまった時、思い出させてくれるお手本、それが、林真理子先生という方なのだと思います。

真理子先生、先生はこれからもずっと、年齢を重ねれば重ねる程、ますますたくさんの〝素敵さ〟そして〝輝き〟をご自身の身に纏《まと》われていかれるのでしょうね。

一番良い帰り方

宮部みゆき先生

人との出会いを生業にしている第三次産業の方々へ、私が機会あるごとにお話している〝セリフ〟が一つあります。

「宮部みゆきちゃんを見習いなさいっ！」

（ゴメンナサイ、大先生を〝みゆきちゃん〟だなんて）

宮部みゆき先生は、一九九八年、『理由』で直木賞をお取りになり、記者会見を終え、選考委員の先生方へのご挨拶に、〝クラブ数寄屋橋〟へお越しになりました。

小柄で愛らしく、乙女のような笑顔の素敵な、女性というより女の子という感じで、〝みゆきちゃん〟のお迎えをしたことを、今でもありありと覚えております。

それから十数年が経ち、ミステリー小説だけでなく、時代物、ファンタジー他、各分野における大ベストセラーを続出し、〝みゆきちゃん〟は押しも押されもせぬ大作家になられました。それでも、どこでお会いしても、初めてお顔を拝見したあの日と同じ、可愛らしい笑顔でご挨拶をして下さるのです。

〝みゆきちゃん〟にご挨拶をさせていただく度に、実感することがあります。それは、〝立派になること〟と〝威張ること〟は全く別のこと、それどころか〝正反対〟なのだということです。

世の中を見渡せば、立派な肩書きを持たれている方は大勢いらっしゃいます。ですが、その中にはチヤホヤされ始めた途端に、人が変わったように我がままで傲慢になってしまう方も、残念ながらいらっしゃいます。チヤホヤされていないと気が済まず、上手く行かないことがあると周りに当たり散らす。お客様や周りの仲間から苦言にも耳を貸さなくなる。そうなったら、残念ながらその人の成長はそこでストップです。

その反対に、周囲にどれだけチヤホヤされようが、どれだけ騒がれようが、全くご自身を見失われない方もいらっしゃいます。どれだけ大変な肩書きが付こうとも全く威張らないどころか、相手に対してより深い思い遣りを持ち、そしてご自身がより謙虚であるように努められるのです。そういう方は、とてつもない人物に成長される可能性があると思います。自分自身の夢に向けた努力の歩みを止めず、そして何より周りの人間がそういう人を放っておかないからです。本人が威張らなくても、多くの人の支持が自然に集まり、更なる高みに昇っていかれるのです。歴史上で「名君」や「君子」といわれた方は、多分そういう方だったのではないかと思います。

〝実るほど、頭を垂れる稲穂かな〟

というのは、やはり本当のことです。

ただ、ほんのチョットだけ残念なことに、若い頃の〝みゆきちゃん〟は、夜の銀座に繰り出されるのが、あまりお好みではなかったようで、パーティー会場以外では、なかなかお会いする機会がありませんでした。

ですが、ベストセラーを出されたり、作品の映像化がお決まりになったという朗報を耳にする度に、私は、仕事場でストイックに机に向かわれている〝みゆきちゃん〟の姿を勝手に想像し、心の中で祝福をさせていただいておりました。

〝みゆきちゃん〟が、また〝クラブ数寄屋橋〟にお越し下さるようになったのは、二〇〇八年からのことです。その日私は、とても素晴らしい言葉を耳元で囁いていただきました。

「ママ、一番いい形で〝数寄屋橋〟へ帰って来ました……」

涙が出るほど嬉しかった——。

そうです、〝みゆきちゃん〟、いいえ、宮部みゆき先生は、直木賞選考委員になられたのです。

宮部みゆき先生、これからも後進の方々の、そして私のよいお手本でいらして下さいね。

あの日の、愛情溢れる一言を、心の奥底に深く深く刻み込みながら、これからの一層のご発展をお祈りしております。

〝謙ちゃん〞と〝在ちゃん〞
北方謙三先生、大沢在昌先生

二〇〇八年二月の〝クラブ数寄屋橋〞の四十周年記念パーティーは、北方謙三先生（〝謙ちゃん〞）と大沢在昌先生（〝在ちゃん〞）が、司会進行をして下さったお陰で、大成功を収めることができました。

お二人の進行の上手さ、サービスの繊細さ、には本当に感服。千人を超えるご来場のお客様からも大評判でした。その感謝の気持ちはとても言葉で表現できません。一体誰が今や大御所のこの両先生方に、このようなことをしていただけるでしょう。

でもお二人は帰り際、店の女の子に、

「ママにお礼はいらないと言っておいてくれ。もしそれをやったら、店には行かないからな」

なんと愛ある言葉。今でも忘れられない大きなプレゼントと感謝しております。

〝謙ちゃん〟と〝在ちゃん〟は、お二人とも銀座は〝数寄屋橋〟が初めてだったんですって。デビュー直後くらいから来て下さっていますが、いたずらっ子のまんま、歳を重ねていらした感じの方たちです。

〝謙ちゃん〟は『文壇バー　君の名は「数寄屋橋」』で、

「生島治郎さんに連れられて初めて〝数寄屋橋〟に行ったときは何と豪華な店だろうと思ったが、その後何度か行くうちに店内にトイレは無い、座席の破れをガムテープでふさいであるのに気付いて唖然とした」

なんて言いたい放題でした。その一方で、

「銀座には、造りが豪華な店、若い女性ばかり揃えた店は吐いて捨てる程あるが、これだけ客の顔ぶれが豪華な店などめったにお目にかかれない。客が客を呼ぶところがあったし、人を惹き付けてやまないママの魅力が大きかった」

なんてお上手なことを書いて、本当に憎めない人柄です。念のためにいうと〝謙ちゃん〟が書いているのは移店する前の店ですよ。

〝謙ちゃん〟は、男らしい眼差しから、ハードボイルドでイタズラ好きなワルな印象がありますけれど、強さと優しさを兼ね備えた方なんです。ご実家は唐津の老舗の和菓子屋さんで、私の故郷の熊本でも、〝謙ちゃん〟のことを〝ぼん〟と呼ばれる方達がいらっしゃいます。

〝在ちゃん〟とは本当に不思議なご縁がありました。

覚えていらっしゃいますか？　思い起こせばウン十年前のこと、あなたと私は、同じ屋根の下で暮らしたこともありました……、あなたの小説『ザ・ジョーカー』の舞台にもなったあの街で……。などと書くと、もしかしたら、すごくスキャンダラスな打ち明け話がはじまるんじゃないか、何て期待する人……、いるわけないですよね。

でもあれは、大都市東京の広さを考えたら、絶対にありえない〝事件〟だったと思います。

〝在ちゃん〟は、あるマンションへ引っ越してきた当日、ふと郵便受けに目をとめ、ご自身の部屋の階下のネームプレートをご覧になり叫び声を上げた、かどうかは存じませんが、目に飛び込んだのは、〝SUKIYABASI〟の文字。

「まさか……、このSUKIYABASIという方は、銀座の方ですか？」

「そうですけど……」

不安に駆られたあなたの質問に、管理人さんの返答は非情でした。

「ええーーーっ!?」

奇跡的な偶然によって、私たちは同じマンションに住むことになったのでした。〝在ちゃん〟が入居されたのを知るやいなや、私はすぐに、ウチの女性たちと近所の情報を手土産にご挨拶にうかがいました。素敵な奥様をご紹介いただき、それからも親しくさせていただきました。

今思い出しても楽しい日々。特に〝クラブ数寄屋橋〟にお越しいただき、それから他のクラブへ。深夜三時頃。私が帰宅すると、マンションの前に止まった車から、一人の素敵な男性のシルエットが。それはもちろん在ちゃん、あなたのことです。不思議な感覚でしたよね。まあ、帰る場所が同じなのですから、当たり前なんですが。

それから数年後、あなたと奥様は、私を残して〝鮫御殿〟に移られ、私は未だにあの築四十数年のマンションに住んでおります……。

それにしても、天下の大御所、北方謙三先生、大沢在昌先生の両大先生を、「謙ちゃん」、「在ちゃん」と気安く呼ばせていただいていいのかしら……。いいえ、やっぱりいいのです。

だって、一年ほど前、〝謙ちゃん〟と〝在ちゃん〟の作品について、読書人に文章を書かせていただくことになり、「大先生を謙ちゃんなんて書いてごめんなさい」と謝っ

たら、

「ママにいまさら北方先生なんて言われたら気持ち悪いよ」

と言って下さいました。そして同じ答えが〝在ちゃん〟からも。


逆にこんな風にからかわれたことがあります。

あるパーティーで、東野圭吾先生にご挨拶しているところを、〝在ちゃん〟に目撃されてしまった時のことです。

「何で俺たちには〝謙ちゃん〟、〝在ちゃん〟で、彼には〝先生〟なんだ。ママ、〝圭吾先生〟じゃなく〝圭吾さん〟って声を掛けてきなさい」

と命じられ、ドキドキしながら、会場をぐるりと回って「〝圭吾さん〟」って声をかけたら、東野先生は、「はい」と優しく答えて下さって……。まったくいい大人がパーティーで何をやっているのかと、自分でもおかしくなりました。


とてもとても、ありがたいことに、お二人は、二〇一七年の五十周年のパーティでも、司会進行を笑顔で引き受けて下さいました。

私がそれを〝謙ちゃん〟に、「ねえねえ……」とお願いしようとした時、

「な、何だよ、ママ？　わかった！　わかったから！」

とオーバーリアクションで、ご相談を打ち明ける前にご承知下さったのです。

〝在ちゃん〟も、

「打ち合わせの時に、飲み代だけは取るなよな……」

と愛ある言葉を。

なんという素敵な方たちなのでしょう。そして私はなんと幸せ者なのでしょう。

私は今、心の中で手を合わせています。本当にごめんなさい。五十周年、心はスタートラインに立ったと思いますが、こんな我がままは本当に最後にします。

遠くにいらっしゃっても近くにいらっしゃる。そんな〝謙ちゃん〟と〝在ちゃん〟、このご恩は決して忘れません。

愛と感謝を込めて（〝愛〟なんていうと、また〝謙ちゃん〟に逃げられそうですけれど）。

左から大沢在昌先生、北方謙三先生

第六章

あけの明星たちへ

〝今日〟という名の〝楽園〟へ

銀座の夜に生きた半世紀を振り返り、私は新たな〝今日〟という日の夜明けの空を見つめています。

「〝今日〟を楽しむことが未来に繋がる」

私は周囲の方々に、常々そう申していますが、その信念はこれからも変わりません。未来で楽をするために、苦しい〝今日〟を耐える、と考える方もいらっしゃるでしょう。ですが、末広がりの未来は、楽しむことの積み重ねでしか得られないと、私は思っています。

私が言う〝楽しむ〟とは、〝楽〟をすることではありません。勇気と希望をもって、悔いのない〝今〟を精一杯生きる、ということです。

ただ、どんな人でも、自分一人の力だけで、勇気と希望を持ち続けることは難しいと思います。なぜなら、勇気とは敬愛する誰かから受け継ぐものであり、希望とは大切な誰かと紡ぐものだからです。

しかし、現代における人間関係は、半世紀前とは比較にならないほど、希薄になっています。「空気を読め」などという言葉が示すように、当たり障りのないコミュニケーションが尊ばれ、火花を散らすようなぶつかり合いを敬遠する多くの若者が、インターネットの世界に逃げ込むようになっています。

喧嘩の仕方を忘れた子供たちが弱い仲間を死に追いやり、思いやりを忘れた器の小さな大人たちによる不祥事が後を絶たない、そんな時代です。

私は、〝クラブ数寄屋橋〟での半世紀で、誰かが誰かの心に、勇気と希望の灯を点す瞬間を幾度となく見てまいりました。〝今日〟という日を〝楽園〟に変えるための勇気と希望を、私に与えてくれたのです。

勇気をくれるサイン

浅田次郎先生

私のふるさと熊本のお客様で、石原社長が二名で二年くらいぶりにお見えになられました。久し振りだったので色々な話に花が咲き、いつの間にか『日本ペンクラブ』の話題になりました。お連れ様が興味を持っていらしたのです。

「今は浅田次郎先生が会長で、何かあると、毎回お手伝いに……」

と、私が言いかけますと、石原社長が興奮気味に、

「私、浅田先生の大ファンなんです。サインが欲しいな。ママ、頼む」

と懇願されました。

「分かりました。そんな、頭を上げてください」

結局私は、浅田先生のご承諾も得ずに、サインの件を〝快諾〟してしまいました。

お二人は大変くつろがれ、お帰りになられました。

二〇一六年四月十四日二一時二六分――、『熊本地震』が発生しました。

熊本は大きな地震が起こらないと言われていたので、にわかに信じられなくて……、戸惑いました。熊本にいるたくさんの知人、実家、お客様、友達の顔が頭に浮かび、いてもたってもいられずに電話をかけまくりましたが、繋がりません。そこで、メールを思い付き、打ち続けました。

日が経つにつれて、テレビ、新聞、週刊誌、その他のメディアから悲惨な状況が報道されます。

そうだ！　自分に出来ることをしよう！

サインがほしいと懇願された石原社長を思い出し、浅田先生にサインをお願いし、それをお贈りしようと考えたのです。常にサイン用の筆をお持ちになっていらっしゃる浅田先生は、その年に出版された本の最初のページに気持ちよくサインをして下さいました。

少し日が経った頃、突然、石原社長から電話が入り、今晩うかがう予定ですと知らされました。社長のお顔は思っていたよりもずっと元気そうで、そのうえお土産まで。くまモンのハンカチ、その他たくさんの特産物をいただきました。

お席に着くと、挨拶の間もなく社長から、

「ママ、ありがとう。浅田先生のサイン、嬉しかったあ！　あのサインには本当に勇気づけられました。ウチの家宝にするけんね！」

お帰りの時、何度も何度も振り向かれていたお姿が印象的でした。

浅田先生、私の知人の一番苦しい時を助けてくださって本当にありがとうございます。心から感謝申し上げます。

千葉の〝少年〟

石原慎太郎先生

ある夜のことです。

「ママ、お電話です」

「どなた?」

「わからないんです。お名前を聞いても、『静香ママに代わってください。お願いします』それの繰り返しで……」

受話器を受け取ると少年のような声が聞こえてきます。

「もしもし。静香ですけど、どちら様ですか?」

その方は興奮気味で、

「よかったあ。出て下さってありがとうございます」

「………?」

「私、初めてなんです！　先日、週刊誌に文壇バー静香ママの写真が出てまして、それを見て、いてもたってもいられず、持っているお金を全部持って千葉から参りました。文壇バーに憧れていて、一度は、と思ってました。十万はあります。足りますでしょうか。お願いします。文壇バーへ行きたいんです」

戸惑いながらも、その男性の必死な願いにちょっと心が揺らぎました。

「お金は十分です。そんなにかかりません。でもね、うちはご紹介者なしではダメなのよ」

「今、東京駅にいるんです。お願いします！」

その方の情熱に負けて、

「わかりました。その週刊誌が紹介したことにしましょう。ところでお店の場所は……」

と言いかけたところ、

「全部わかります。すぐに参ります。ありがとうございます」

嬉しそうな彼の声に、なんとなく新鮮さを感じながら、一人分の席を作らせました。しばらくしますと、まだあどけなさを残した少年のような彼が、店の入り口で頭を深々と下げています。

「ママ、お願いします」

男性スタッフから呼ばれ、笑顔で、

「よくいらしたわね！　さあ、どうぞ」

「ママ、ありがとうございます。私、村上といいます。本当にありがとうございます」

「いらっしゃった以上は、お客様ですよ。ちょっと狭いけど、ここで」

お席に若い娘を一人つけて、私は他の席へ。

「ママ、そろそろ直木賞の選考委員の先生方が、お見えになる時間ですよ。お席、お願いします」

「わかった」

私は事情を話し、少しずつお客様に詰めていただき、十名位は座れるような空間を作りました。

すぐに選考委員の先生方と、編集者の方たちがいらっしゃいました。受賞者は、なかにし礼先生だと、その時知りました。当時は今ほど情報網が発達しておらず、関係者以外では私たちが一番早く受賞者を知ることができるという、ありがたい場におりました。

ふと先ほどの彼が気になり、視線を向けますと、先生方を直に見て落ち着かない様子。何かあってはいけないと思い青年の傍へ。

「ラッキーだったわね。今日は直木賞の選考日で、まだまだいらっしゃるわよ。奇声を上げたり、サインを求めちゃダメよ」

私なりに釘を刺したつもりでした。


その一時間後、なんと芥川賞の選考委員でいらっしゃる、石原慎太郎先生がお見えになったのです。普通ですとこんなことはあり得ない。後から聞いた話ですが、なかにし礼さんを普段からとてもかわいがっていらっしゃったので、お祝いに見えたそうです。

しばらく楽しくお話しされた後、都知事のお仕事も忙しく、またSPも待たせているとのことで、お席をお立ちになられました。

その時です。突如彼が、

「先生！」

と立ち上がったのです。私はしまった！　と思いながら、先生と彼の間に割って入ったのですが、間に合いませんでした。

「石原先生、私は先生の大ファンです。お会い出来て……」

涙ぐんで、後の言葉が出ないようでした。

石原先生は、

「ありがとう。君も頑張って。また会おう」

愛のある言葉を残し、恰好良くその場をあとにされました。

私はお送りしながら、

「先生、ありがとうございました」

心から御礼を、そして車が過ぎ去るのをずっと見送って、店へ帰りました。

零時を回り、お客様が少しずつお帰りになられても、彼は帰る気配がありません。最後のお客様をお送りして青年の傍へ。ぼんやりと目が虚ろになっている彼に言葉をかけると、勢いのある声で、

「ママ！　ありがとうございました。夢を見ているみたいで、皆、本物の先生方ですよね？」

「当たり前でしょ。でも良かったわね。一生の思い出になるわね」

ニッコリ笑って言葉をかけようとしたら、

永井豪先生作

「ママ、あの先生方は、僕ぐらいの時は一体どんな人だったんでしょうか？　教えて下さい」

私は、なんと答えていいか迷いました。

「そうねえ。きっと、今の貴方みたいじゃなかったのかしら」

精一杯の答えでした。

「うーん、わかりました。私も頑張って、必ず〝数寄屋橋〟へ参ります。必ず参ります。ママ、待っていてください」

固く握手を交わし、何度も何度も振り返っては、頭を下げてお帰りになられました。私も彼を見送りながら、いずれきっと帰って来て下さる。何となくそんな予感が……。それから何十年、お電話もお姿も、私は今もあの少年のような彼のことを思い出すことがあります。

万が一、この本をご覧になられたら、お電話でもいいのでご連絡がある事を待っております。いつまでも……。

最高の『お土産』

大薮春彦先生

一九九八年、第一回大藪春彦賞（徳間書店主催）が東京會舘で催され、私はその時初めて、大藪夫人にお逢いしました。

今考えると大変愚かしいこととは思いますが、実は、この素敵な奥様のことを、悪妻だと信じていたのです。私にそんな先入感を植え付けた原因は、もちろん故春彦先生で、私にさも哀れそうに訴えられるお姿が脳裏に焼き付いているからでした。

悪妻であることを信じている私は、それなりの覚悟を持って、会場中央にいらっしゃる夫人のそばへ向かいました。

「奥様、今日はお目出度うござ……」

言いかけた途端、

「あなたが静香ちゃんなのね？」

どうして私の名前をご存知なのだろう、と戸惑いました。

「主人が本当にお世話になりました」

深々と頭を下げられ、笑顔で、

「銀座に出かける時、必ずといっていいほど、『静香ちゃんのところへ行ってくるからね！　静香ちゃんのおにぎり美味しいからね！』と申しておりまして。私たち楽しみでしたのよ。ありがとうございました」

ウッソ！　話が全然違うじゃない！　だって私は、先生からこんなお話をよく聞かされていたのです。

「今夜は妻がいないんだ。ちょっと揉めてね、我がままだから、今実家へ戻っているんだよ。家に帰ったら、食事を用意して子どもたちに食べさせないといけないんだ」

またある時は、

「子どもたちをお風呂に入れてあげなければ！　妻が昨日から家を出たままなんだ」

肩を落としながら、そんなことを仰っていたのです。

なんと我がままな奥様かしら。

気の毒に感じた私は、先生がいらっしゃる度に、三軒先にある料理屋「いな田」に

大藪春彦先生は、『野獣死すべし』『蘇る金狼』『汚れた英雄』など、日本のハードボイルド・アクション小説の第一人者。激しい暴力の裏に、ストイックでタフな男を描く。ガンマニア、カーマニアとして知られています。

頼んで、おにぎり、玉子焼、お漬け物をご用意し、お持ち帰りいただいておりました。

ですから、奥様にお逢いするまで、『悪妻』というイメージが強く、超ハードボイルド野生児、大藪春彦ですら奥様には頭が上がらない、〝女は強し〟だと勝手に思っていたのです。

ところが、可愛らしい奥様のその一言で、今まで持ち続けていた頑なな誤解が、音を立てて崩れ去りしました。しかし、作家の先生って、お話を作るのは上手くて当たり前ですけど、お芝居も本当にお上手なんですね。

一方で、（良かったー！　先生は幸せだったんだあ！）という、ホッとした気持ちになりました。

初めてとは思えない親しみと笑いに包まれた、大藪夫人との出会いの瞬間でした。

そうそう、あの事もお話しましたよ！

先生が外国へ行くといわれた時に、私がお土産をお願いしました。にっこり微笑みながら、

「静香ちゃんには常々世話になっているからね、最高のお土産を買ってくるから」

先生のお帰りを楽しみにお待ちしました。

帰国後、ニコニコしながらお見えになり、

「静香ちゃんが喜ぶのを買ってきたよ」

手渡されたお土産は、なんとサバイバルナイフ！　私はてっきり、香水かブローチだとばかり。バッグはないだろうとは思いましたけど、勝手に想像していた私も悪いのです。完全に期待は裏切られましたが、やっぱり先生らしいです。

そんな思い出をお話したら奥様も、

「サバイバルナイフ？　子どもたちには、主人がいつも被っているカウボーイハットでしたのよ。息子は嫌がりながらも、主人がいる時はその帽子を被って出掛け、外へ出たらすぐにとっていたらしいの」

大笑い。本当に楽しいひとときでした。こんな素敵で楽しいパーティー授賞式が、これからも永遠に続いていくことでしょう。


先生！　大藪賞を素晴らしい作家の方たちが受賞され、次世代を担う、キラ星のような若い力が輝き始めていますよ！

きっとこれが、私たちに、いえ全ての人々に贈りたかった最高の『お土産』だったんですね。

夢への就航式

松本零士先生

零士先生はお年齢《とし》を取られない不思議な方です。

永遠の名作『銀河鉄道999』をはじめ、数々のSF漫画・アニメを世に送り出した巨匠、松本零士先生。お会いしてからかれこれ四十数年になりますが、いつお会いしましても、昔ご一緒したツーショット写真から抜け出してこられたような若々しいお姿、拝見している私の方がタイムスリップでもした気分になります。

そして外見以上にお変わりにならないのが、零士先生の少年の様な心。先生の心の中には、昔も今も永遠に変わらない『宇宙への夢』が、無限に広がっている。お話をする度にいつもそう感じてしまいます。

二〇一二年のある日のことです。先生から、港区竹芝でご自身がデザインした船の就航式があるから来ないか、とのお電話を頂きました。

お誘いが凄く嬉しかった私は、一も二もなく飛び付き、

「先生、行く、行きます！」

返事をしてから気付きました。私はすごく船酔いするたち性質なのです。そのことをお伝えすると、

「大丈夫、ママがいつも出ているパーティーフロアが、海上を移動しているだけだと思えばいい」

「でも、揺れるんでしょう？」

「そんなチャチな技術で作られていないよ。いいかい、※※※の構造で船体が海中にグッと沈むから……、○○○によって……、△△△で……、◎◎◎だから……」

先生は専門的な技術用語で、本物のエンジニアのようにとうとうとお話になられました。きっとお電話の向こうでは、少年のように目を輝かせていらっしゃったのだと思います。

ですが、知識のない私には、何のことだかサッパリです。ただ零士先生がその船に名付けられたロマンティックな名前には強く心を惹かれました。

その名は、『ホタルナ』。

〝月が輝く夜に神秘な輝きを放つ蛍が隅田川を舞う〟、という想いを込めて付けられた名だそうです。夜空に浮かぶ月の女神ＬＵＮＡ、そして幻想的な光を放ち、古き良き隅田川を偲ばせながら川面を舞うホタル。「宇宙の神秘」と「人の情緒」を重ねた想い。それはもう先生の作品の世界観そのもの……。

（そんな素敵な名前の船に乗りたい！）

船酔いの不安が一気に吹き飛びました。

そして当日、店の女の子一人を連れ、竹芝桟橋に到着した私は、息をのみました。私の知る〝船〟の概念からは、あまりにもかけ離れた巨大な美しい物体が、東京湾の海上に浮かんでいたのです。

（え？　これが……船？）

銀色に輝くメタルボディ、未来的な流線形の船体、緑色のガラスで作られたドーム型の窓……、〝船〟は〝船〟でも、〝宇宙船〟じゃありませんか！

そのデザインに圧倒されつつ、ガルウィングの搭乗口から乗り込むと、今度は船内の豪華さに圧倒されて再度ノックダウン。まるでホテルの中のような、豪華なパーティー会場が作られていたのです。

あちらこちらに用意されている珍しい食べ物、たくさんのドリンクにデザート。私も子供の頃に戻ったようで胸がワクワク高鳴りました。

零士先生のご挨拶が終わると、いよいよ出航です。船内アナウンスが、『銀河鉄道999』の鉄郎とメーテルなのにもビックリしました。

キャビン船内で美味しくご馳走をいただいて、いよいよ展望デッキへ。海の上から眺める大都会東京の絶景を満喫しながら、楽しくお喋りをしていたら、あっという間に時間が過ぎてしまいました。心配していた船酔いなど全く感じず、奇跡としか思えません。そしてその日以来、悩みだった船酔いからも解放されてしまったのです。

それにしても、たった一時間足らずのクルージングだというのに、あのドキドキ・ワクワク感は何だったのでしょう。もしかするとこれが、松本零士先生が私たちに分けて下さった〝夢の力〟なのかもしれません。そしてきっと先生は、未来と宇宙への旅を、これからもずっと続けて行かれるのだと思います。

零士先生、次の夢への就航式にも、私を呼んで下さいね。

一人歩きした名刺《きりふだ》

永井 豪先生

今や日本の産業競争力を高める〝切り札〟として国策にも取り上げられている〝クールジャパン〟。世界中から注目される、この〝クールジャパン〟に、豪ちゃん（巨匠、永井豪先生のことを私はそうお呼びしております）が与えた影響の巨大さは、今さら論じるまでもないでしょう。

世界中を魅了する巨大ロボットアニメの原点、『マジンガーZ』。主人公がロボットに乗り込むという画期的なコンセプトは、『ガンダム』をはじめとしたあらゆるロボットアニメの原点です。

また、可愛い女の子が悪と戦う『キューティーハニー』のちょっとエッチな物語は、無数のヒロインものに受け継がれています。

そして『デビルマン』の画期的なことと言ったら……。〝悪魔になった人間が人間のために戦おうとする〟なんてコンセプトを作ること自体、当時の欧米では絶対に無理だったのではないでしょうか。キリスト教の定義では、『悪魔＝悪』なのですから。

豪ちゃんの作品は、日本人だからこそ作れた、世界が驚く『クールジャパン』の原点だと思います。実際、発表当時のヨーロッパでの人気は想像を絶するものだったそうで、特にフランスでは、豪ちゃん原作のアニメーション番組の最高視聴率が八〇パーセントを超えていたとか。


ところで豪ちゃんは、あのダイナミックな作風からは信じられないほど、穏やかなお人柄をされています。外見もまるで青年のようにチャーミング。その豪ちゃんとは、こんな思い出があります。

ある出版社のパーティーで、豪ちゃんがご自身の名刺を渡されているのを見た私は、「ワァー！　豪ちゃん、その名刺、私にもちょうだい！」

思わずおねだりしてしまったのです。

いただいた名刺は三種類。名前が書かれている表面は同じなのですが、裏面にはそれぞれ、『マジンガーZ』、『キューティーハニー』、『デビルマン』のカラーイラストが印刷されていました。

その夜、私は〝数寄屋橋〟で、その名刺を自慢げに見せびらかしていました。するとあるお客様が真剣な目をしておっしゃったのです。

「頼むよ、ママ。その名刺、譲って貰えないかな」

驚いて理由を聞くと、

「実は入院してる従兄弟がいるんだけど、そいつが永井先生の大ファンなんだよ」

お客様の名刺を、ご本人の許可なく誰かにお渡しするなど、水商売の世界では絶対にしてはいけないことです。名刺が〝一人歩き〟して、ご迷惑をかけることがないとは言い切れないからです。でも……、（豪ちゃんなら、きっと解ってもらえる）、そう思って、私は名刺をそのお客様に差し上げました。その方は、まるでおとぎばなし〝三枚のお札〟の小僧さんのように、その名刺を大事そうに鞄にしまわれました。

「ありがとうママ、恩に着るよ。この名刺、お見舞いの〝切り札〟になるよ！」

また驚きました。

「ええっ？　名刺が〝切り札〟って、一体？」

どれだけスゴいのだろう、豪ちゃんの影響力って。

数ヶ月後、K社の漫画賞のパーティーでお会いした豪ちゃんに、そのことをご報告、そしてもう一度名刺のおねだりを。豪ちゃんは嫌な顔一つせず、チャーミングな笑顔を見せてくれました。

「よかったママ、ポケットに一枚だけ残っていたよ」

本当に最後の一枚でした。

豪ちゃんの優しさに、私はあらためて感謝しました。その時頂いた『マジンガーZ』の名刺は、もう誰にも渡しません。私の〝宝箱〟の中に大切にしまってあります。

今、豪ちゃんは大学で教鞭もとられていらっしゃるんですって！

豪ちゃんが生み出したコンセプト。それは次の次の世代にも受け継がれて、果てしなく遠くまで、どこまでも一人歩きして、次の世代の無数のエンターテインメント作品に姿を変えていくんですね。

そして日本の産業の〝切り札〟、『クールジャパン』として、これからも世界中に発信されていくんですね。

〝正義〟の血縁《ちすじ》

石ノ森章太郎先生、今野 敏《びん》先生

日本で、〝正義の味方〟といえば、なんといっても、石ノ森章太郎先生原作の『仮面ライダー』、そんな風に思っていました。ところが最近、あるお客様のスマートフォンから、〝YouTube〟の画像を見せていただき、驚きました。アラビア文字の字幕のついた『仮面ライダー』の映像がアップされていたのです。アメリカでもアメリカ版の仮面ライダーが作られているとか。

何かとぶつかり合うことの多いアメリカとイスラム文化圏の人たちが、日本の〝正義の味方〟を、石ノ森章太郎先生が生み出した、〝同じ一つの正義〟を応援している。誇らしさで胸が一杯になりました。

章太郎先生は、お若い頃から、〝クラブ数寄屋橋〟の常連のお客様でした。ちばてつや先生、さいとうたかを先生とご一緒に、週に二、三回はお越し下さっていたと思います。

当時から〝超〟の付く売れっ子で、マンガの執筆だけでなく、特撮やアニメにも深く関わられていた章太郎先生が、こなされていた仕事の量の多さといったら、もはや〝伝説〟、いえ、むしろ〝常識〟なのだそうです。なにしろ、一人のマンガ家として発表された作品の多さが世界一とギネスブックに登録されている方なのですから。

そんなご多忙の中で、どうやって銀座に遊びに来られたのでしょう。編集者からお聞きしたのですが、先生は仕事で忙しい時には、ほとんど睡眠を取られなかったそうです。眠るのをやめて銀座で遊ぶ、今の若い方には信じられないことかもしれませんが、以前はとてつもないエネルギーに溢れた方々が、数多くいらっしゃいました。

ですが、とても悲しいことに、それがたたってか、石ノ森章太郎先生は六十歳の若さでこの世を去られてしまったのです。一九九八年のことでした。

章太郎先生がまだお元気な頃に、私は、先生がとても喜ばれるご報告をさせていただいておりました。それは、今野敏先生のご活躍についてです。

警察小説やＳＦ、ミステリー、アクション、エッセイ、その他、幅広い分野でヒット作品を出し続けられている、人気作家、今野敏先生（私は〝敏ちゃん〟と呼ばせていただいております）は、実は石ノ森先生のご親戚でいらっしゃるのです。

〝敏ちゃん〟が初めて〝クラブ数寄屋橋〟にご来店されたのは、まだ学生の頃。在学中に『怪物が街にやってくる』で問題小説新人賞を受賞された〝敏ちゃん〟は、徳間書店の編集者に連れられて、お店にお越しになったのです。第一印象は、男らしさの反面、夢見る眼差しを持った少年。

今にして思えば、男らしく見えたのは当然でした。何しろ当時から黒帯で、いまや『今野塾』を主宰する生粋の空手家だったのですから。

〝敏ちゃん〟は、その後も数々のヒット作品を出され、二〇〇六年には『隠蔽捜査』で吉川英治文学新人賞を取られました。

「おかあさん、やったよ！」

と、受賞式で贈られた花束を、持って来てくれた時、本当に嬉しかったです。

〝敏ちゃん〟のことを、はじめてお伝えしたときの、嬉しそうな章太郎先生のお顔が忘れられません。

「ママ、ありがとう！　彼に会いたいなあ。ここで一緒に飲もうと伝えておいてくれ」

〝敏ちゃん〟も同じく喜んで、

「うわー、ママ、伝えてくれたんですか、嬉しいな。ありがとう！」

残念なことに、お二人が〝数寄屋橋〟でお会いされることは、結局かないませんでした。

「今度、〝数寄屋橋〟で飲もうよ」

それが、〝敏ちゃん〟が最後に聞かれた、章太郎先生の言葉だったそうです……。

〝敏ちゃん〟は、今でも店にいらっしゃると、時々、章太郎先生が遺したボトルを棚から出されます。店には何名かの永久保存のボトルが存在するのです。

敬愛されている章太郎先生のボトルの前で、それを誇らしげに眺め、思い出話に花を咲かせるのです。

そんなお二人の橋渡しをさせていただけたことを何よりも嬉しく思っています。

短歌の師、そして〝戦友〟の『証明』

森村誠一先生②

サスペンス、時代劇、歴史ドキュメンタリー、俳句、あらゆる分野でヒット作を出し続ける、日本を代表する大作家、森村誠一先生。その作品の幅の広さは、他の追随を許さないものとうかがっております。

大変幸せなことに、私はその森村先生から、時々ですが、直接、短歌のご指導をいただいております。

そもそものきっかけは、数十年前だったと思います。角川春樹さんが詠まれた、

〝向日葵や　信長の首　斬り落とす〟

という句があります。私はその句を読んだ時、俳句を勉強したこともないのに、

「凄い迫力ですね！」と感じた通りのことを森村先生に言ってしまったのです。

先生は軽く頷かれ、「ママも少し勉強しなさい」とおっしゃいました。

「ええ！　私がですか？　無理です」

「ママらしくないなあ。挑戦もしないで最初から負けかい。〝戦友〟とは思えなくなってきたよ」

「………！」

森村先生と〝戦友〟であること。それは私にとって特別な意味があります。先生から言っていただくその言葉に、誇りと喜びをもって生きてきたのです。それなのに先生の言葉に挑戦もしないで逃げるなんて、ごめんなさい。

「勉強します！　教えて下さい」

図々しいお願いをしてしまいました。

それ以来、あのお忙しい先生が、時間のおありになる時に、上の句を先生から頂戴し、私が下の句を考えます。

〝ネオン川　水面に映る銀座花　―　夜空を飾る　姿にも似て〟
〝その人の心に咲くや　数寄屋橋　―　匂える色は　夜にまぎれて〟
〝今宵また　グラスの中の　数寄屋橋　―　琥珀の香り　夢にまかせて〟

こんな短歌を何十首も作らせていただきましたが、あまりできがよい弟子ではないようで、いつも厳しいコメントをちょうだいしております。

一方で、森村先生からもたくさんの素晴らしい短歌をいただきました。ここではその中から、〝クラブ数寄屋橋〟の移店の時に贈ってくださった、楽しくてステキな短歌をご紹介したいと思います。

新数寄屋橋開店に寄せた祝い歌

（見栄）

一．青春の　破片《かけら》探すや　数寄屋橋　花散る酒に　恋多くして

（事実は、）

二．数寄屋橋　彩る花は多けれど　我《われ》摘みし花　一輪もなし

（お客様全部に、）

三．集いたる　縁忘れじ　数寄屋橋　一期一会の　グラス交わせば

（与謝野晶子バージョン）

四．数寄屋まで　銀座をよぎる　星月夜　今宵会う人　みな美しき

私も、いつの日か先生みたいな短歌を作れるようになるのかしら？　できの悪い弟子ですが、末永くご指導よろしくお願いいたします！

公の場で先生は一度だけ、私の短歌を褒め、また、〝戦友〟とおっしゃって下さったことがありました。

二〇一一年に、熊本日日新聞のコラム『わたしを語る』に、〝銀座を生きて〟というタイトルで連載をさせていただきましたが、その第十一回に、新聞記者からのインタビューという形で、森村先生にご登場いただいたのです。その際、先生はこんなお話をして下さったのです。

「そういえば、移転前の店からはがして持ってきた壁紙を知っていますか。そこの額に収まって飾ってあるやつですよ。移転が決まった際に、その壁を眺めながらママが詠んだ短歌があるんだよ。

『客去りて　夜更けの店に　一人居ぬ　思い出にじむ　壁と語りて』

いい短歌でしょう。ママの店へのこだわりが伝わってくる。そのこだわり、哲学こそ店が長く続いている理由だろうね。

ボク自身、ママと仕事に対する姿勢が似ているんだ。それは『絶対にレースから降りない』ってとこかな。レースから降りるとたるんじゃうんだよ。だから、ある意味でママとボクは、それぞれ銀座と文壇と戦場は違ったけど〝戦友〟なのかも知れないな。」

（熊本日日新聞2011年10月25日『わたしを語る』より抜粋）

何という、もったいないような、嬉しいお言葉！

先生からのご指導のもと、短歌を学ばせていただけて良かった、と心から思えた瞬間でした。

八十歳をこえられた今も、益々精力的に作家活動に取り組まれている、日本を代表する現役の大作家、森村先生。世界中の人々が、二度と非人間的な行為を繰り返さないために、巨大な敵と戦い続けていらっしゃる、その偉大なお背中には、眩し過ぎるほどの男の輝きが感じられます。

その先生が、私のことを〝戦友〟とまでおっしゃって下さる、これ以上光栄なことがあるでしょうか。

林芙美子先生の歌碑

私は、〝クラブ数寄屋橋〟という名前のおかげで、菊田一夫先生にお越しいただき、そのご縁で、森光子さんにお会いする事ができました。森光子さんといえば、舞台『放浪記』で、公演回数の新記録を打ち立てた大女優です。その『放浪記』は、林芙美子先生の代表作。私は先生のファンで、『放浪記』の舞台を何度も観ています。

思いがけない事が、二〇一七年二月に起こりました。

昔から、ご贔屓いただいている鳥井塚社長が、威厳と優しさをあわせもった紳士をお連れになったのです。

ご挨拶し、名刺をお渡ししていると、鳥井塚社長がチャーミングな声でおっしゃいました。

「ママにぜひ紹介したかったんだよ。このお方は、林芙美子さんの甥にあたる方なんだよ」

「エエッ！　あの『花の命は……』の林芙美子先生の？」

驚きと嬉しさで、興奮気味に紳士の方へ目を向けました。

「重久紘三です。林芙美子はおばにあたる人物です」

「私、先生のファンなんです。どんなお方だったんですか」

重久会長は首を傾げながら、

「一口で言いますと、思うがままに生きてきた人ですね。当時としては珍しく、パリ、北京、モスクワなどに一人旅をしています。人生をかけた文学だったと思います」

「桜島の古里温泉に行かれた事はございますか」

「鹿児島は市内だけで、桜島には……。城山観光ホテルで、昔、銀座フェスティバルという俳人の楠本憲吉先生が中心になって催されたイベントに参加して、リトル銀座に八軒のクラブを、その折に」

「実は、古里温泉の古里公園に、歌碑が建てられているんです。それも町民の方達の手によって」

生きている幸せは
あなたも知っている
私もよく知っている
花のいのちはみじかくて
苦しきことのみ多かれど
風も吹くなり
雲も光るなり　（歌碑）

これで、菊田一夫先生、森光子さん、甥御さんとはいえ林芙美子先生とつながったのです。胸が高鳴り、幸せな気持ちになりました。

ＡＩ恐るるに足らず！

〝本当の意味での言霊《ことだま》〟

近年新聞を読みますと、〝ＡＩ〟という単語が目に入らない日は、一日としてないようです。

何年か前、チェスや囲碁の世界チャンピオンとＡＩの対決が話題になった頃には、「人間がＡＩに負けるわけがない」という意見の方が優勢だったように思いますが、最近だと、「人間がＡＩに勝てるわけがない」という意見の方が、むしろ多数派になっているようにも感じます。

いわく、「今から何十年か後にはＡＩが人間の知性を超える」、「その時代には現在の雇用の九〇％が失われる」、「将来ＡＩに奪われる職種の中には作曲家や作家などの創造的な仕事も含まれる可能性がある」、などなど。

そんなバカな！

〝文壇バー〟と呼んでいただく〝クラブ数寄屋橋〟を半世紀に渡って経営し、グラスを通してではありますが、多くの作家の先生方のお姿を拝見してきた私には、それは到底、受け入れられない話です。大家と呼ばれる先生方が心血を注ぎ、書き上げた作品を機械が超える事などありえない。

私の中で、ＡＩへの対抗心がメラメラと燃え上がってきました。

（よし、いつか、『ＡＩ恐るるに足らず』というエッセイでも書くか！）

近頃は〝クラブ数寄屋橋〟に、ＩＴ関連のお客様も多く足をお運びいただいており、その中には実際にＡＩの開発に携わっている方もおられます。「ＡＩ恐るるに足らず」を、ＩＴ関連のお客様に相談したところ、こんな風に諫められました。

「ママ、悪いことは言いません。素人がＡＩの話題を持ち出さない方がいい。ママが考える以上にＡＩは進歩しています。『ＡＩ恐るべし』なのですよ」

うかがった話では、既にＡＩで小説を書く研究はかなり進んでおり、アメリカではＡＩを使った小説が、既に読者に受け入れられはじめているそうです。実際日本でも、ＡＩに星新一賞を取らせようというプロジェクトがあって、それなりの成果を上げているとか。

その日以来、ずっとそのことを考えていましたが、最近私の中でやっと一つの結論が出ました。それはやはり、『AIが本当の文学作品を書くことは出来ない』という結論です。

確かにAIが進歩すれば、人間と同じような文章を書けるかもしれません。いえ、とてつもないシミュレーション能力で、人間が想像もつかなかったストーリー展開を作り出すことさえあるでしょう。

ですが、AIの言葉には、本当の意味での〝言霊〟が存在しないのです。

では〝言霊〟とは何でしょうか。いろいろな言い方をする人がいらっしゃいますが、平たく表現すれば、言葉に宿る〝人の心を動かすパワー〟のことだと思います。そして不思議なことに、たとえ同じ単語を口にしても、また、字に書いても、それに〝言霊〟が宿る人と、そうでない人がいるのです。

その違いは何だと思われますか。それは言葉を発する人間の心と行い、そしてその人の生き方の違いが、〝言霊〟の違いとなって現れるのではないかと、私は思います。

その事を私は何度も経験しておりますが、はじめて実感したのは、小学校四年生ごろに「赤い羽根共同募金」に参加した時でした。

熊本駅前で五、六人のグループに分かれて、半ば競い合いながら赤い羽根を売っていたのですが、いくら大きな声で、「お願いします、お願いします」と通行人に声をかけても、誰も立ち止まってはくれませんでした。

私は途中であることに気が付きました。そうか、ただ言葉を叫んでいるだけでは何も伝わらない。通り一遍ではなく、どんな相手か、どんな立場かに応じて、心を込めて声をかけてみよう、と。

若い女性には、「お姉さんたちすごくきれいですね」といってみたり、若い男性には、「ワァ、かっこいい」といってみたりするわけです。そうしている内に私の羽だけがどんどんと売れていきました。

ですが、ＩＴ業界の方にこの話をしてもきっとこう反論されるでしょう。

「最近のＡＩは、それくらい普通にできますよ」と。

ですが私のその後に経験したことについてはどう言われるでしょうか。

私は、その後、腰の曲がったおばあちゃんが、大きな重たそうな荷物を持って、駅に向かって歩いている姿が目に入ったのです。

「これは助けてあげなきゃ」

募金を中断して、走っていき、お手伝いをすると、

「お嬢ちゃん、ありがとう。その残った羽を私が全部いただきましょう」

赤い羽根を買ってもらおうという下心は、ありませんでした。

この経験は、今でも私の商いの心の原点となっているのです。同時に〝言霊〟の意味を知るエピソードになりました。

たとえ、どのような素晴らしい言葉や文章でも、それを書く人の行動と合致したものでなければ、そして、その行動のもととなる心がよくなければ、〝言霊〟は生まれないのではないでしょうか。

ＡＩにそんなことができるでしょうか。そして〝言霊〟のない作品に価値などありますか。

私がＡＩ恐るるに足らずと申すのは、そういう理由からなのです。

編集者今昔物語

二〇一六年秋の、ある夜のことです。

今野敏先生が、二十名近くの若手編集者と、〝クラブ数寄屋橋〟にお見えになりました。編集者の皆さんが今野先生を囲んで、グラスを片手にのびのびと、互いの意見を論じ合っていらっしゃる光景を店の片隅から見ていた私は、久し振りに、若い情熱が漲《みなぎ》った昭和の時代を思い起こしていました。

店をオープンして二十数年ぐらい（一九八〇年代）までは、作家の先生と編集者が、作品について激しく討論するのが当たり前だったのです。作品の内容やタイトルについて、作家と編集者、あるいは作家同士がぶつかり合い、ディスカッションがエスカレートし過ぎて、一触即発を招くような場面もしばしばです。情熱の火花が飛びかって、それが作品に反映されることも。〝数寄屋橋〟で、そんな方々の姿を日常的に目にしておりました。

作家と編集者の人間的な付き合いも深く、あちこちで、子供みたいな悪ふざけをされることも多かったような気がします。

作家と編集者が飲みに行った先で、以前口説いた女性と気づかず、二度口説いてしまって、「ヤバい！」と一緒に逃げてきたり。ホテルの〝缶詰〟状態から抜け出した作家の先生を、編集者が銀座中探し回り、どうしても見つからずに、疲れてうちの店で一杯飲まれたり……。缶詰抜けの達人、五味康祐先生の担当編集者は、いまや直木賞作家の西木正明先生でした。よく見当をつけて、捕まえにきては、お二人でグラスを傾けていました。

情熱とロマンと人間関係の面白さが渦巻き、ぶつかり合ったり、笑ったり、時としては大泣きすることもあったとか。作家と編集者が互いを理解し、尊重していた良き時代だったと思います。

一方、現代の作家と編集者の仕事の仕方は、昔よりもずっとスマートで、人間関係も以前とは比べものにならないほど、希薄になったとも聞いています。実際、ある大作家の先生ご本人から、「連載を一年やって、編集者と一度も会わなかった」というお話しすら、うかがったことがあります。そのような中で、昔の編集者魂をお持ちの方たちもいらっしゃいます。移り変わりを見てきた人間としては、とても嬉しい事です。もちろん、当時と今では時代背景が違いすぎていて、一概に比較するのは無理があることも理解しています。

今みたいに、ネットから情報をすぐ入手できる時代ではありませんでしたので、知識や考え方は、人と人との交流の中で身に付け、学んでいかなければ、世の中について行けなかったのだと思います。ただ心配なのは、発達した技術に恵まれすぎていて、手間をかけずともすむがゆえに、人間関係が希薄になってしまうのではないかということです。希薄さは、人間の絆を弱くします。人間同士がぶつかり合ったり、耳の痛い事をいうことも避けるようになるのでは……。

これは編集者と作家だけではありません。ビジネスの世界での部下と上司の関係も同じだと思います。部下が上司に対して自分の信念を発言する勇気を持ち、上司はそれに耳を貸す器の大きさを持つ、それがその会社をさらに大きくするのではないでしょうか。

夢の実が生《な》る〝天職の木〟

〝日出づる〟この国の勢いが、過去の〝神話〟に姿を変えつつあるこの時代、多くの人が仕事以外のものに人生の価値を探そうとしているように思われます。ですが私は、こんな時代だからこそ、〝天職〟の中に希望を見出すべきだと信じています。

私が半世紀もの間、銀座の街でクラブのママを続けてこられたのは、それが私の〝天職〟だったからです。そうでなければ、どんなに素晴らしい待遇や報酬に恵まれたとしても、続けることは不可能だったと思います。

どれほど辛い局面にぶつかったとしても、たとえ暗礁に乗り上げたとしても、決してその仕事を嫌いにならない、それがその人の〝天職〟なのです。そういう仕事に巡り逢えた人は、自分の全力を自然に発揮できるので、それがうまくいくだけでなく、他のことに興味を持つ余裕が生まれ、いつまでも若々しい挑戦者であり続けることができます。

たとえるなら、〝天職〟という名の一本の木。その幹から何本もの枝が伸び、花を咲かせ、ついには自分でも想像しなかったほど、たくさんの夢の実をつけるのです。

では自分の〝天職〟を見つける方法とはどんなものでしょうか？　私流に考えました。

・自分の情熱に背を向けず、無鉄砲といわれようが前向きな努力を続けること
・良い縁で自分自身を囲むこと
・謙虚であり続けること、決して威張らないこと
・笑顔には笑顔、涙には涙。真心を忘れず、見返りを求めず行動すること
・この瞬間を感謝し、楽しみ、精一杯の力で生きること

これらは、これまでの出会いの中で学ばせていただいた、私自身の理想の姿です。

残念ながら、実行できているかといえば、ものすごく怪しいのです。私自身が、まだまだこれから努力に努力を積み重ねていかなければならない人間なのですから。

銀座という夢の街で、発展途上の生き方を続けて、もう五十年、いえ、まだ五十年。

さて、次の五十年は何をしようかしら——?

まずは、これから自分自身の夜空に昇っていこうとされている、あなたという輝く一人の存在を見ることが出来たら、どんなに嬉しいことでしょう。そんな風に思います。

あとがき

半世紀、銀座の顔は日々変わっていき、数寄屋橋で出逢った男と女、戦火の中に恋が生まれて、新たな銀座が誕生しました。

そして、花の香りが五十年の中から育てられてきました。

永遠に香る美しい人生のオアシスが生まれ、満天の星空を映した銀座の輝きが私たちの夢をかなえ、皆様が集めてくださった花々はこの地に根を張り、花壇となって、今日まで優しく守られて参りました。

銀座の夜空には、イルミネーションのごとく星が散りばめられ、決して消えることのない輝きを、皆様とともに纏い続けて参りました。

私たちは銀座に咲いた一弁の花であり、永遠の香り。

花であり、香りに重ねた香りが、永遠の星の光を招き続けております。

心からの御礼を満天の星々に託して、ささやかながら尽きることのない夢の光を、人生の出会いとして輝かせて参ります。

この本の刊行にあたり、多大なご協力をいただきました、村田博文社長、大浦秀和さん、新迦楼人《あらかると》さん、私を支え続けてくれている大切な男性スタッフ、女性スタッフ、そして、この本を手に取ってくださいました皆様に、重ねて心から御礼申しあげます。

本当に、本当にありがとうございました。

撮影：荒木経惟

著者略歴

園田静香 そのだ・しずか

熊本県生まれ。1967年銀座に「クラブ数寄屋橋」をオープン。経営者としてママをつとめながら、エッセイも手がけ、装丁・装画で賞を受けている。

1万8250日の物語

銀座の夜の神話たち

2017年4月14日　第1版第1刷発行

著者　園田 静香

発行者　村田 博文

発行所　株式会社財界研究所

住所：〒100-0014

東京都千代田区永田町2-14-3

東急不動産赤坂ビル11階

電話：03-3581-6771

ファックス：03-3581-6777

URL：http://www.zaikai.jp/

印刷　図書印刷株式会社

製本　東京美術紙工協業組合

ISBN 978-4-87932-122-0

定価はカバーに印刷してあります。

たくさんの
方々のお力添えで
つらい試練の
時代を

バブル
崩壊後は、
歴史ある銀座の
『文壇バー』の
灯が

偉大な先輩を
慕う若い先生方や
お客様も多くおいで
下さるように
なりました。

四十周年記念
外国特派員協会講演／父死去
『文壇バー』出版
数寄屋橋移店／母死去

五十周年へ

30th
40th
50th

1992 1993 1994 1995 1996 1997 1998 1999 2000 2001 2002 2003 2004 2005 2006 2007 2008 2009 2010 2011 2012 2013 2014 2015 2016 2017

PKO協力法案
55年体制崩壊／EU発足
ゼネコン汚職
阪神淡路大震災／地下鉄サリン事件
住専処理に公的資金
世界同時株安／金融機関の破綻相次ぐ
「金融ビッグバン」幕開け
長野五輪開催
米同時多発テロ
ユーロ流通開始／サッカーWC日韓共催
米軍イラク侵攻
ライブドア事件
iPhone発表
リーマンショック
衆議院選で民主党大勝
尖閣諸島沖で中国漁船と海保巡視船衝突
東日本大震災発生
スカイツリー完成
マイナンバー制度始まる
日銀「マイナス金利政策」導入

未来を夢見る
"シズニャン"年表

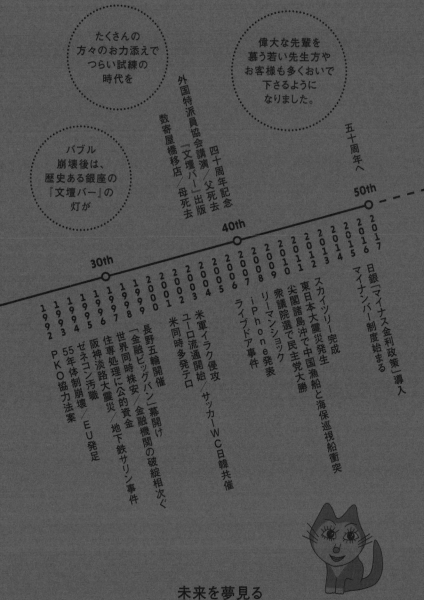

最初は
若い先生方から
徐々に大御所の
先方もお見えになる
“文壇バー”の一員へ。
大変なことも
多かったけど

色々な夢が
叶った10年間!
人生で最高の体験を
たくさんさせて
いただきました!

バブルの
時代も自分の
踊りを踊った
つもり…。

上京・3ヶ月で開店

森村先生『砂の碑銘』で初めての装丁

LP『静一人』完成

『グラスの向こうに』出版

OPEN

10th

20th

1967
1968
1969
1970
1971
1972
1973
1974
1975
1976
1977
1978
1979
1980
1981
1982
1983
1984
1985
1986
1987
1988
1989
1990
1991

EC成立／ASEAN結成
東大紛争／霞ヶ関ビル完成
アポロ11号月へ／日本のGNP西側2位に
大阪万博開催
ニクソンショック
沖縄返還／日中国交正常化
第一次オイルショック
佐藤栄作元首相にノーベル平和賞
ベトナム戦争終結
ロッキード事件で田中元首相逮捕
成田空港開港
第二次オイルショック／東京サミット開催
スペースシャトル初飛行成功
東北上越新幹線完成開通／フォークランド紛争
TDL開園
グリコ・森永事件
NTT創立
チェルノブイリ原発事故
ルーブル合意
青函トンネル開通／地価高騰
昭和天皇崩御／日経平均史上最高値
東西ドイツ統一／ソ連ペレストロイカ開始
湾岸戦争勃発／ソ連崩壊

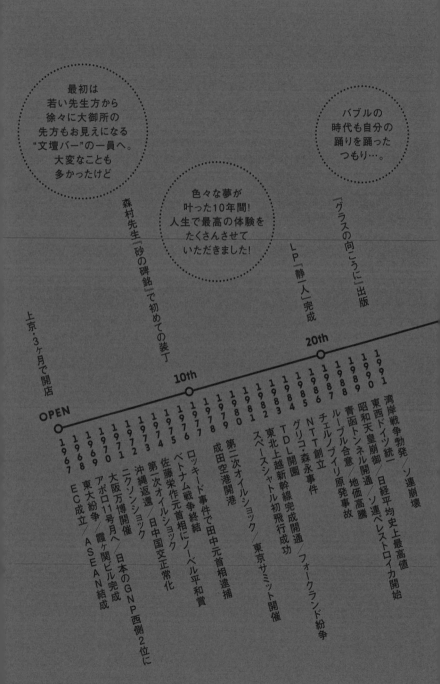